本书为贵州财经大学引进人才科研启动项目"贵州省地方立法实效研究"（项目编号：2021YJ033）阶段性研究成果

论行政诉讼调解制度之完善

现实应对与理想展望

谷骞　著

知识产权出版社

全国百佳图书出版单位

——北京——

图书在版编目（CIP）数据

论行政诉讼调解制度之完善：现实应对与理想展望/谷骞著． -- 北京：
知识产权出版社，2024.8
ISBN 978 - 7 - 5130 - 9229 - 6

Ⅰ.①论…　Ⅱ.①谷…　Ⅲ.①行政诉讼—调解（诉讼法）—研究—中国
Ⅳ.①D925.114.4

中国国家版本馆 CIP 数据核字（2024）第 030898 号

责任编辑：罗　慧　　　　　　　　责任校对：王　岩
封面设计：乾达文化　　　　　　　责任印制：刘译文

论行政诉讼调解制度之完善
——现实应对与理想展望

谷　骞　著

出版发行：**知识产权出版社** 有限责任公司		网　　址：http：//www. ipph. cn	
社　　址：北京市海淀区气象路 50 号院		邮　　编：100081	
责编电话：010 - 82000860 转 8343		责编邮箱：lhy734@ 126. com	
发行电话：010 - 82000860 转 8101/8102		发行传真：010 - 82000893/82005070/82000270	
印　　刷：北京九州迅驰传媒文化有限公司		经　　销：新华书店、各大网上书店及相关专业书店	
开　　本：720mm×1000mm　1/16		印　　张：14	
版　　次：2024 年 8 月第 1 版		印　　次：2024 年 8 月第 1 次印刷	
字　　数：180 千字		定　　价：78.00 元	

ISBN 978 - 7 - 5130 - 9229 - 6

引 言 *Forward*

作为多元化纠纷解决方式的重要一环，调解扮演着重要角色。且在理论研究层面，调解本不属于一项新颖话题，它作为解决争议的重要方式一直活跃在民事诉讼、行政诉讼与刑事诉讼的制度体系中。例如，人民调解协议司法确认程序的性质、民事诉讼的调审关系、行政诉讼案件能否调解以及范围如何、刑事诉讼中的认罪认罚制度等，这些理论与实践问题均绕不过对法院在调解中地位与作用的探讨。当下，司法改革不断推进。2019年2月27日，最高人民法院在《人民法院第五个五年改革纲要（2019—2023）》中提出要求：要深化多元化纠纷解决机制改革，推动行政争议实质性化解，监督和支持行政机关依法行政。[①] 2014年《中华人民共和国行政诉讼法》（以下简称《行政诉讼法》）第一次修正，增加解决行政争议之立法目的，确立有限的行政诉讼调解制度。[②]

[①] 最高人民法院：《关于深化人民法院司法体制综合配套改革的意见——人民法院第五个五年改革纲要（2019—2023）》（法发〔2019〕8号），2019年2月27日。

[②] 《行政诉讼法》第60条规定："人民法院审理行政案件，不适用调解。但是，行政赔偿、补偿以及行政机关行使法律、法规规定的自由裁量权的案件可以调解。"《中华人民共和国行政诉讼法》自1989年4月4日第七届全国人民代表大会第二次会议通过后，历经2014年、2017年两次修正。2014年修正内容较多，条文变化较大。2017年修正仅对2014年版本的第25条增加一款，作为第4款："人民检察院在履行职责中发现生态环境和资源保护、食品药品安全、国有财产保护、国有土地使用权出让等领域负有监督管理职责的行政机关违法行使职权或者不作为，致使国家利益或者社会公共利益受到侵害的，应当向行政机关提出检察建议，督促其依法履行职责。行政机关不依法履行职责的，人民检察院依法向人民法院提起诉讼。"其他内容、条文序号均未改变。因此，除论及检察院提起行政公益诉讼，需适用2017年修正条款外，其他法条适用2014年修正版本，与2017年修正版本并无二致，特此说明。

作为行政诉讼调解的直接法律规范,《行政诉讼法》第 60 条的规定存在制度定位与适用范围之矛盾。行政诉讼案件不适用调解是原则性规定,但将例外情形扩展至行政赔偿、补偿以及行政机关自由裁量权案件。这三类案件构成行政诉讼调解的有限适用范围。行政法的精髓在于裁量,行政裁量几乎遍布各个行政领域。有学者指出:"我国现今的行政法,存在裁量与羁束的区分,但基本上不存在羁束裁量与自由裁量的再细化。"[①] 行政裁量几乎遍布各个行政领域。只要遵守法律授权之界限,行政机关在此范围内作出任何决定,都不会被认为是滥用权力。行政机关实际上拥有极大的决定空间,以至于"裁量"在传统行政法学中被称为"自由裁量",便是着眼于这种几近漫无限制的裁量权限。[②] 那么,第 60 条中的"自由裁量权"究竟是指裁量权的下位概念——与"羁束裁量"相对的"自由裁量",还是以下位概念指代裁量权整体?公权力究竟能否被处分,是否行政机关具有自由裁量权就可以处分公权力?如果回答是肯定的,那么行政诉讼调解的适用范围看似"有限"实则"无限";如果回答是"否定"的,那么行政机关的裁量权与处分权又是何种关系呢?

行政诉讼调解在实践适用中产生了诸多困惑。第一,在行政诉讼调解适用实践中,大多数的调解案件涉及行政行为违法性问题。法院利用调解促使这部分案件越过行政行为合法性审查之关卡,行政机关违法行使行政职权得以逃避司法审查,如果只用行政诉讼调解的规定来解释其中原因,是无法充分被人理解的。第二,2018 年《最高人民法院关于适用〈中华

[①] 王贵松:《行政裁量:羁束与自由的迷思》,载《行政法学研究》2008 年第 4 期,第 50 页。

[②] 参见陈新民:《中国行政法学原理》,中国政法大学出版社 2002 年版,第 152 页。

人民共和国行政诉讼法〉的解释》等操作规范①指出在法律关系明确、事实清楚的前提下可以进行调解。如果法律关系明确，事实清楚，为何不径行裁判？调解究竟是在法律关系明确、事实清楚时可进行，还是法律关系不明确、事实不清楚时可进行，抑或决定行政诉讼调解能否适用还有其他条件或因素？第三，行政诉讼中的调解源自民事诉讼，在行政诉讼调解实践中，法院以调解结案为理由不公开行政调解书的比例逐年攀升，行政诉讼调解存在沦为某些法院滥用审判职权的"暗箱"的风险，行政诉讼调解究竟应否公开？这些实践适用困惑均有待理论研究回应。第四，中国当下处于高质量发展阶段，经济社会面临转型升级，土地房屋征收拆迁、食品安全、工商行政、检验检疫等领域内行政纠纷多发。在行政诉讼系属中，法院利用调解虽然解决了行政争议，但也个别存在调解结果损害他人合法权益、社会公共利益和国家利益的情况。在调解程序中，行政机关随意改变行政行为与原告达成调解，这是否符合行政法基本原理值得进一步追问。

此外，行政诉讼调解的运用会加剧"解决行政争议"与"监督行政"立法目的之间的紧张关系。众所周知，立法目的在一定程度上反映法律的性质，因此，立法目的只能择其要者追求之。追求某种脱离法律性质的所谓目的必然偏离法律的实质，导致其所制定的法律往往是彼法而非此法。②《行政诉讼法》第 1 条"解决行政争议"之立法目的，从维持法治

---

① 例如：2018 年《最高人民法院关于适用〈中华人民共和国行政诉讼法〉的解释》第 84 条规定："人民法院审理行政诉讼法第六十条第一款规定的行政案件，认为法律关系明确、事实清楚，在征得当事人双方同意后，可以径行调解。"调解应当根据当事人自愿的原则，在查清事实，分清是非的基础上进行（最高人民法院行政审判庭编：《行政诉讼文书样式（试行）》，人民法院出版社 2015 年版，第 46 页）；"人民法院应当在事实清楚的基础上，分清是非，进行调解"（全国人大常委会法制工作委员会行政室：《中华人民共和国行政诉讼法解读》，中国法制出版社 2014 年版，第 169 页）。

② 孔繁华：《行政诉讼性质研究》，载《武汉大学学报（哲学社会科学版）》2009 年第 1 期，第 38 页。

秩序这一宏观目的来讲，"解决行政争议"与"监督行政机关依法行使职权"具有内在一致性，但从遵循的程序角度来看，二者具有内在的紧张关系甚至冲突。当下，行政行为形式合法性审查原则贯穿整个行政诉讼过程，强调司法机关对行政争议的解决，必然会淡化甚至干扰传统司法审查模式的内在逻辑结构。[①] 行政诉讼调解制度作为落实"解决行政争议"立法目的的一项制度设计，主要通过钝化矛盾、突破法律规则的方式缓和冲突，解决纠纷，实现案结事了。那么，试图通过行政诉讼调解解决行政争议的情况下，如何平衡"保护公民、法人和其他组织的合法权益"、"监督行政机关依法行使职权"与"解决行政争议"三者之间的矛盾关系呢？

对于以上理论与实践问题，现有研究尚未进行系统阐释，大部分有关行政诉讼调解的研究文献认为行政诉讼调解与行政诉讼和解是同一项制度。[②] 这些研究大致可以分为两派：少数研究不赞同行政诉讼调解，认为公权力不可处分，行政诉讼涉及行政行为合法性审查，不能调解[③]；多数研究支持行政诉讼适用调解，坚持认为公权力不是不可以处分，而是不能随意处分，行政机关若具有裁量权，就可以处分行政职权。[④] 对于行政机关具有裁量权即可处分公权力的观点，有研究者认为法院在行政诉讼中促成原被告双方"和解"是否合法并不必然取决于被告一方是否具有自由

[①] 钱弘道、吴亮：《纠纷解决与权力监督的平衡——解读行政诉讼法上的纠纷解决目的》，载《现代法学》2008 年第 5 期，第 6 页。

[②] 如解志勇：《行政诉讼调解》，中国政法大学出版社 2012 年版；谭炜杰：《行政诉讼和解研究》，中国政法大学 2011 年博士学位论文。我国行政诉讼中的调解引自民事诉讼。民事诉讼既有当事人和解，也有法院调解，但彼此是不同之制度，不少研究将其视为同一制度，如闫庆霞：《法院调解制度研究》，中国人民公安大学出版社 2008 年版。

[③] 代表性研究有林莉红：《论行政诉讼中的协调——兼评诉讼调解》，载《法学论坛》2010 年第 5 期；朱新力、高春燕：《行政诉讼应该确立调解原则吗？》，载《行政法学研究》2004 年第 4 期。

[④] 代表性研究有刘东亮：《论行政诉讼中的调解——兼与朱新力教授商榷》，载《行政法学研究》，2006 年第 2 期；沈福俊：《和谐统一的行政诉讼协调和解机制》，载《华东政法大学学报》2007 年第 6 期；关保英：《论行政主体的职权处分权》，载《东方法学》2008 年第 1 期。

裁量权，而是取决于被告用以换取"和解"的"妥协"或"让步"是否合法，是否在被告的法定权限之内。① 这类观点指出行政诉讼"和解"的核心条件并非裁量权，而是"是否在被告的法定权限内"，实乃对公权力处分的进一步思考，但对该法定权限是什么，研究者并未寻根究底。简而言之，行政诉讼调解现有研究的理论预设值得探讨。"处分公权力"之实质尚未探究清楚，以此为基础对行政诉讼调解展开的要件、适用范围等方面的制度设计研究仍有不足之处。

在域外，与我国行政诉讼调解制度相类似的主要是大陆法系国家和地区的诉讼上和解与德国的法官调解。德国对诉讼上和解的内涵、要件，和解契约的效力、救济等内容都有比较成熟的研究。② 我国行政诉讼调解制度的许多程序设计同诉讼上和解制度类似，在理念上又与德国的法官调解制度不谋而合。

德国行政诉讼中的法官调解制度最初由德国法官学会于 2000 年 2 月提出，但引发诸多争议。反对者认为调解并非基本法所规定司法权之任务，而且行政诉讼法上已有法院和解，法官调解制度不具备必要性；再者，并非所有的行政诉讼事件之性质皆适用调解。但支持者主张司法权之功能为解决纷争，法官调解之性质为司法行政行为，包含于司法权范畴之中，认为法官调解能不拘泥于法规，邀请行政诉讼法上未必有诉讼权能但实际上扮演关键角色的人员参与调解程序，解决争议，实现共赢，能疏减讼源、缩短行政法院裁判所需期间、提升司法品质。对环境、建筑、营业、交通等领域之行政诉讼事件，法官调解成功率成效卓著。最终在

---

① 例如黄学贤：《行政诉讼调解若干热点问题探讨》，载《法学》2007 年第 11 期；金自宁：《协调和解需先明确其合法性条件》，载《法制日报》2007 年 4 月 22 日。

② 主要参见［德］弗里德赫尔穆·胡芬：《行政诉讼法》，莫光华译，法律出版社 2003 年版，第 576 - 577 页；［德］G. 平特纳：《德国普通行政法》，朱林译，中国政法大学出版社 1999 年版，第 214 - 314 页。

2012 年 6 月，德国联邦众议院通过行政法院法第 173 条修正案，规定行政诉讼准用民事诉讼法规定之法官调解制度。由此可知，德国行政诉讼中法官调解制度的程序以及适用范围不同于行政诉讼和解。

简而言之，我国行政诉讼调解既拥有诉讼上和解制度的某些特征，又与德国的法官调解具有一定程度的相似性，不完全相同于诉讼上和解，也不完全相同于法官调解，属于一项混合制度。镶嵌在行政诉讼制度之内的行政诉讼调解，究竟应当扮演何种角色，如何运行才能契合我国行政诉讼的价值定位，正是本书的研究重点与价值所在。

目 录 *Contents*

第一章

诉讼调解之发展历程

"度之往事，验之来事，参之平素，可则决之。"[1] 任何事物都经历产生、发展、不断完善之过程。欲知来事，先观以往。我国行政诉讼制度脱胎于民事诉讼，当下确立之行政诉讼调解亦源自民事诉讼调解。了解诉讼调解的发展历程，有助于判断行政诉讼调解之未来发展。

1989 年以前，我国尚未出台行政诉讼法，人民法院审理行政案件的程序规范主要是 1982 年的《中华人民共和国民事诉讼法（试行）》。1989 年《行政诉讼法》颁布，人民法院审理行政案件才有法可依。这是社会主义民主法制向前迈进的重大标志，被誉为中国法治进程的里程碑。[2] 当时为了监督行政机关依法行政，保护公民、法人和其他组织的合法权益，《行政诉讼法》第 50 条、第 67 条明确规定，除了赔偿诉讼，行政案件不适用调解。然而 20 世纪 90 年代之后，人民法院采用"协调和解、原告撤诉"之手段审理行政案件的司法实践日益普遍，行政案件撤诉率居高不下。对此，争议之声不绝于耳。2014 年《行政诉讼法》修正，有限的行政诉讼调解制度获得确立。借鉴我国民事纠纷法院调解制度相关规定，

---

[1] （战国）鬼谷子著、陈蒲清译：《鬼谷子》，岳麓书社 2021 年版，第 100 页。

[2] 龚祥瑞：《法治的理想与现实——〈中华人民共和国行政诉讼法〉实施现状与发展方向调查研究报告》，中国政法大学出版社 1993 年版，卷首第 2 页。

2018 年《最高人民法院关于适用〈中华人民共和国行政诉讼法〉的解释》（以下简称《2018 行诉解释》）明确了径行调解的条件，调解书的制作、内容、送达、生效，及时判决，调解的保密性等内容，行政诉讼调解制度得到进一步规范。然而，在司法实践中，其适用现状与效果均有待考究。

第一节　用来解决民事纠纷的法院调解

我国行政诉讼中的调解源自民事诉讼，了解我国民事诉讼中的法院调解有助于清楚认识行政诉讼中的调解；同时立足于行政诉讼与民事诉讼之属性差异的对比研究，对准确把握行政诉讼调解之本来面貌大有裨益。

一、民事诉讼调解政策之演变

以调解方式解决民事纠纷是我国民事诉讼的优良传统和成功经验。早在新民主主义革命时期，我国革命根据地就非常重视采用调解来解决民事纠纷。例如马锡五审判方式，其主要特点是"认真贯彻群众路线，依靠群众讲理说法，实行审判与调解相结合"[1]。这对当时陕甘宁边区乃至新中国民事诉讼制度产生了重大影响。利用调解解决纠纷，促使双方当事人"以和为贵""化干戈为玉帛""大事化了、小事化了、消除矛盾"，这一举措被国际司法界称为"东方经验"。

自新民主主义革命时期发展至今，我国民事诉讼调解政策经历了从"调解为主"、"着重调解"到"自愿合法调解"三个阶段的变化过程。

---

[1]　张希坡：《马锡五与马锡五审判方式》，法律出版社 2013 年版，第 192 页。

（一）"调解为主"阶段（1982 年以前）

自建立革命根据地开始至 1982 年《民事诉讼法（试行）》颁布，调解发挥着解决民事纠纷的主要作用。

中华人民共和国成立以前，在司法审判方面，马锡五审判方式深得人心。深入调查、坚持原则、诉讼手续简单轻便是其深受欢迎的理由。具体来讲，第一，马锡五将审判工作扎扎实实地建立在科学调查的基础上，坚持一切从实际出发，全面、客观、深入地进行事实调查。在他的审判工作中，讲究实际，反对主观主义，注重客观证据而不是轻信口供。第二，他在审判工作中贯彻民主的精神，认真贯彻群众路线，依靠群众讲理说法，实行审判与调解相结合。第三，他在审判工作中始终坚持法制原则。坚持原则，严格依法办事。第四，他在审判工作中执行便民方针——实行简便利民的诉讼手续。①

中华人民共和国成立后，马锡五审判方式被延续下来。1956 年 10 月，最高人民法院在《关于各级人民法院民事案件审判程序总结》中体现了民事审判的十二字方针——"调查研究，就地解决，调解为主"。1964 年，这一方针被发展为"依靠群众，调查研究，就地解决，调解为主"的十六字方针。

革命时期乃至中华人民共和国成立后的一段时间内，法律规范制度尚不完善，可以据以判案的民事实体法和程序法尚未出台，加之"群众路线"在当时各项工作中的深入贯彻，"调解为主"成为这一时期民事审判工作的主要方式。

---

① 张希坡：《马锡五与马锡五审判方式》，法律出版社 2013 年版，第 188 – 198 页。

(二)"着重调解"阶段(1982—1991 年)

根据"调解为主"的民事司法政策,有些法院将"调解为主"加以量化,甚至要求民事调解率达到 70% 甚至 90%①。1982 年 8 月,《民事诉讼法(试行)》颁布,要求民事审判应当着重进行调解。② 相比前一阶段的"调解为主",此时调解政策稍有缓和。"着重调解"仍侧重调解,但放宽了审判工作中对调解的强制性适用。

(三)"自愿合法调解"阶段(1991 年至今)

1991 年 4 月,《中华人民共和国民事诉讼法》(后文简称《民事诉讼法》)正式颁布,确立了调解的自愿原则。③ 此后,随着我国民事审判方式改革的不断推进,西方民事诉讼理念被逐步引入,理论界开始反思我国民事诉讼调解制度。例如,有学者建议民事诉讼法取消法院调解,加强诉讼上和解制度构建,并态度鲜明地指出随着我国加强社会主义市场经济与政治建设、民事审判事业的发展,法院调解已不具有或不完全具有新民主主义革命时期的那种立法价值,法院频繁适用调解解决纠纷往往导致"重调解轻裁判"之局面,产生以调解之名义大办"人情案""关系案"之弊端。④ 另有学者认为调解不适宜作为民事审判权的运作方式⑤,建议改革现行调、审不分的民事诉讼制度,将调解从民事审判程序中分离出

---

① 闫庆霞:《法院调解制度研究》,中国人民大学出版社 2008 年版,第 21 页。
② 《民事诉讼法(试行)》第 6 条规定:人民法院审理民事案件,应着重进行调解;调解无效的,应当及时判决。
③ 《民事诉讼法》第 9 条规定:人民法院审理民事案件,应当根据自愿和合法的原则进行调解;调解不成的,应当及时判决。
④ 张晋红:《法院调解的立法价值探究——兼评法院调解的两种改良观点》,载《法学研究》1998 年第 5 期,第 115 页。
⑤ 李浩:《论调解不宜作为民事审判权的运作方式》,载《法律科学》1996 年第 4 期,第 68 页。

去，使调解与裁判按照各自的特点、规律、方式和程序运行。①

有研究表明，进入 20 世纪 90 年代后，随着理论界对法院调解弊端与法官偏好调解之讨论，实务界重判决、轻调解的倾向开始显现，法院调解的适用逐渐减少。② 但在 2002 年之后，实务界又掀起"调解热"，在自愿合法调解原则下，法院调解政策有了"调解优先、调判结合"的新动向。

2002 年 1 月，最高人民法院、司法部联合出台《关于进一步加强新时期人民调解工作的意见》，当年 9 月时任最高人民法院院长的肖扬在全国人民调解工作会议上指出要实现人民调解、行政调解和司法调解协调发展。为保证人民法院及时解决纠纷，正确调解民事案件，方便并保障当事人依法行使诉讼权利，节约司法资源，最高人民法院于 2004 年颁布《最高人民法院关于人民法院民事调解工作若干问题的规定》，截至目前，该规定已经过 2008 年 12 月 16 日、2020 年 12 月 23 日两次修正。2010 年，最高人民法院提出"调解优先、调判结合"的司法理念，要求牢固树立"调解优先"理念，不仅要把调解贯穿于立案、审判和执行的各个环节，而且要将调解、和解和协调案件范围从民事案件逐步扩展到行政案件、刑事自诉案件、执行案件等案件中。

2012 年《民事诉讼法》修正，新增先行调解③与庭前调解④，充实法院调解制度，进一步表明调解贯穿于诉讼的各项环节，在调判结合中遵循调解优先之理念。此处的先行调解，根据立法者解读，主要是指法院立案前或者立案后不久的调解，当事人向人民法院提起诉讼，递交起诉状或者

---

① 李浩：《民事审判中的调审分离》，载《法学研究》1996 年第 4 期，第 68 页。
② 范愉：《调解的重构（上）——以法院调解的改革为重点》，载《法制与社会发展》2004 年第 2 期，第 117 页。
③ 《民事诉讼法》第 122 条：当事人起诉到人民法院的民事纠纷，适宜调解的，先行调解，但当事人拒绝调解的除外。
④ 《民事诉讼法》第 133 条第 1 款第 2 项：开庭前可以调解的，采取调解方式及时解决纠纷。

口头起诉后，人民法院尚未立案，根据案件具体情况，人民法院认为适宜调解的，可以先行调解。① 相比于立法者对"先行调解"概念之解释，理论界则更多使用"诉前调解"来指称 2012 年《民事诉讼法》第 122 条的"先行调解"。"诉前调解"概念在司法实践中形态多样，值得细分品鉴。如果以调解活动发生的阶段划分，可分为诉外调解、诉前调解与立案调解。当事人起诉之前的调解，为诉外调解；起诉之后、立案之前的调解，为诉前调解；立案之后移交审判庭之前的调解，为立案调解。②

2017 年《民事诉讼法》第三次修正增加了人民检察院提起民事公益诉讼规定。在第 55 条增加一款，作为第 2 款："人民检察院在履行职责中发现破坏生态环境和资源保护、食品药品安全领域侵害众多消费者合法权益等损害社会公共利益的行为，在没有前款规定的机关和组织或者前款规定的机关和组织不提起诉讼的情况下，可以向人民法院提起诉讼。前款规定的机关或者组织提起诉讼的，人民检察院可以支持起诉。"2021 年《民事诉讼法》第四次修正，2023 年《民事诉讼法》第五次修正未修改民事诉讼调解制度，只是 2021 年第四次修正拓宽了适用司法确认程序的调解协议范围。此部分在后文阐述。

总而言之，民事诉讼调解在我国历史虽不算悠久，但积淀颇深。民事诉讼调解政策的发展演变从侧面印证了我国现代化的民事诉讼制度从无到有，从疏漏到完善之发展过程。

二、我国法院调解之精义

民事纠纷法院调解产生于我国民事实体法、程序法相对匮乏时期，主

---

① 全国人大常委会法制工作委员会民法室：《中华人民共和国民事诉讼法解读》（2012 年最新修订版），中国法制出版社 2012 年版，第 334 页。

② 傅郁林：《"诉前调解"与法院的角色》，载《法律适用》2009 年第 4 期，第 4 页。

要由法官促成双方当事人达成合意以解决纠纷，具有浓厚的职权色彩，与世界上其他国家诉讼上的和解制度有较大差异。关于法院调解的概念，理论界、实务界的认知大同小异，大致包括人民法院主持、双方当事人自愿协商、达成协议终结诉讼三大方面内容。

（一）法院调解之内涵

2024 年实施的《民事诉讼法》第 9 条规定了自愿、合法调解的原则。依据理论通说，法院调解是指"在法院审判人员的主持下，双方当事人就民事权益争议自愿、平等地进行协商，达成协议，解决纠纷的诉讼活动和结案方式"。① 由于是在诉讼中进行，因而法院调解也称为"诉讼调解"或"诉讼上的调解"。②

有学者认为"诉讼调解"不仅包括法院"主持"下的调解，还包括法院"主导"下的调解：既包括法院立案后由审判人员主持的调解，也包括在法院的"安排"下，由法院外的第三方进行的调解，例如立案前法院委托人民调解委员会进行的调解，于是其认为"诉讼调解"之概念外延要比"法院调解"宽泛。③

笔者认为，立案前法院委托人民调解委员会进行的调解，即使掺杂了法院委托之步骤，终究是在立案前由其他组织进行之调解，实非诉讼调解，并不属于诉讼过程中的委托调解或协助调解。④ 故而，将法院调解称为诉讼调解，并无不妥。诉讼调解是人民法院审理民事案件、刑事附带民事诉讼案件以及刑事自诉案件的重要审判制度，也是重要的结案方式之

---

① 江伟：《民事诉讼法》，高等教育出版社 2007 年版，第 213 页。
② 张卫平：《民事诉讼法》，中国人民大学出版社 2015 年版，第 261 页。
③ 郭晓光：《民事诉讼调解新论》，中国政法大学出版社 2013 年版，第 22 页。
④ 参见最高人民法院《关于进一步贯彻"调解优先、调判结合"工作原则的若干意见》第 11 条、《最高人民法院关于人民法院民事调解工作若干问题的规定（2020 修正）》第 1 条。

一，具有解决纠纷的独特优势。[1]

（二）我国法院调解之制度特征

有学者曾言我国的法院调解具有鲜明的职权性与审理性，是世界民事诉讼法立法上的首创，是独一无二的[2]，是我国民事诉讼法中最能彰显中国特色的制度[3]。亦有学者指出，不论用"调解"还是用"和解"，如果仅从形式与功能上看，我国的法院调解与西方国家的诉讼上和解并无本质区别，二者实质意义相同。详言之，如果法官在诉讼中主持双方当事人进行和解，对当事人进行劝告，认定和解方案，如此一来，法官实际上充当了调解人的角色，这种诉讼上和解属于法院调解之范畴。不过，若从运行效果上来看，强制调解现象依然存在，故而仍有相当大的差异。[4] 笔者认为，我国法院调解与西方国家的诉讼上和解的主要差异恰好体现在法官的主动调解方面，我国法院调解具有浓厚的职权特色。法院是运用审判权审理民事案件的法定机关，却在依法审理过程中使用调解手段解决民事争议，这截然不同于德国、日本的诉讼上和解。[5] 把握我国法院调解之制度特征，有助于清晰展现该制度之真实样貌。

1. 我国法院调解是一项审判行为与处分行为相结合的制度，旨在息讼

对于法院调解的性质，我国民事诉讼法学界主要有三种观点：一是审

---

① 陶凯元、杨万明、王淑梅主编：《中华人民共和国民事诉讼法理解与适用（上）》，人民法院出版社 2024 年版，第 37 页。

② 张晋红：《法院调解的立法价值探究——兼评法院调解的两种改良观点》，载《法学研究》1998 年第 5 期，第 111 页。

③ 李浩：《查明事实、分清是非原则重述》，载《法学研究》2011 年第 4 期，第 120 页。

④ 江伟、肖建国主编：《民事诉讼法》，中国人民大学出版社 2015 年版，第 217 页。

⑤ 日本诉讼上和解，多了一层期日上的合意：在诉讼系属中，双方当事人就诉讼标的之主张相互让步，进而达成终结诉讼之期日上的合意。参见新堂幸司：《新民事诉讼法》，林剑锋译，法律出版社 2008 年版，第 256 页。

判行为说。此种观点认为法院调解是人民法院依法行使审判权的一种方式。在调解过程中，人民法院以法治教育和思想疏导方式促成当事人达成协议来终结诉讼，不仅是一种重要的审判行为，也是一种重要的结案方式。① 二是处分行为说。该说认为法院调解虽是在法院主持下进行，但不同于法院运用审判权以判决方式解决争议的活动，本质上是当事人合意解决民事纠纷的处分行为。② 三是审判行为与处分行为结合说。该说主张从人民法院的审判行为与当事人的处分行为两个层面去认识法院调解的性质，认为我国法院调解是人民法院行使审判权和当事人行使处分权相结合的产物。③

我国《民事诉讼法》除了规定法院调解，第 50 条还规定了双方当事人可以自行和解。当事人双方可以自行协商，就实体权利的处分达成协议，可以在诉讼外和解，也可在诉讼中和解。在诉讼过程中，当事人双方自行和解的，可以通过原告撤诉的方式结束诉讼程序。由此看来，我国的诉讼和解纯属当事人自愿处分行为，而法院调解则更多具有法院审判权干预之因素。审判行为说实际点明了我国法院调解与诉讼和解的区别。虽然我们能清楚认识到法院调解具有审判性质，但忽略了当事人达成协议之意志因素，一味强调法院调解之审判性质，容易滑向强制调解。

处分行为说的贡献在于揭示了调解模式与判决模式的区别，强调了法院调解程序中当事人的意志因素。但完全以当事人的处分行为诠释法院调解之性质，忽视法院对当事人达成合意之促成举动，不够全面。

综上所言，审判行为与处分行为结合说兼顾了法院的职权属性与当事人合意之因素，比较可取。我国民事纠纷的法院调解是一项审判行为与处

---

① 张卫平：《民事诉讼法》，中国人民大学出版社 2015 年版，第 261 页。
② 李浩：《论调解不宜作为民事审判权的运作方式》，载《法律科学》1996 年第 4 期，第 71 页。
③ 江伟：《民事诉讼法》，高等教育出版社 2007 年版，第 213 页。

分行为相结合的制度，此种性质有异于德国、日本诉讼上和解之法律属性。法院调解与诉讼上和解作为司法救济框架下当事人合意的纠纷解决方式，衍生于当事人的处分原则，体现了公权对私权之尊重，只是法院调解的公权力因素占主导地位，诉讼上和解的私权利作用要更大一些。① 当公权力与私权利作用分别占主导地位，便决定了两项制度已不仅仅是"量"的差异，而是存在"质"的区别。

关于诉讼上和解之性质，理论界具有私法行为说、诉讼行为说、两行为并存说与两性行为说四种观点。私法行为说认为诉讼上和解仅为私法上之和解行为。诉讼行为说认为诉讼上和解系诉讼行为。两行为并存说也称双重要件说，此说认为诉讼上和解系由以终结诉讼为目的之诉讼契约与民法上之和解契约两种独立行为并存而成。两性行为说，也称双重性质说，即认为诉讼上和解仅有一行为，不属两行为并存，此一行为同时兼具实体法上法律行为与诉讼法上诉讼行为之双重性质。日本的新堂幸司教授持私法行为说，不过也认为讨论诉讼上和解之性质不是一个具有实际意义的话题。② 姑且不论研究诉讼上和解之性质有无实际意义，亦暂且不去纠结其性质究竟采取"双重性质说"恰当抑或"私法行为说"恰当，从以上学说可以发现一点共识，即诉讼上和解是一项当事人的处分行为，并不似我国法院调解制度那般是法院的审判行为与当事人处分行为的结合体。在我国，法院调解往往是一项极具个性的解纷活动，一般不会依照特定程式与次序展开，适度偏离意思自治原则，甚至突破法律框架在调解过程中也时有存在。为促进当事人达成合意，推动调解进程，调解者会采取各种即时性手段确保沟通顺畅。例如，为了规劝当事人达成调解，调解者会主动调

---

① 徐昕：《论私力救济》，中国政法大学出版社 2005 年版，第 315 页。

② 新堂幸司：《新民事诉讼法》，林剑锋译，法律出版社 2008 年版，第 262 页。

查，适当的能动往往是促使当事人达成合意的保证。① 说到底，法院调解旨在止争，法官的审判行为与当事人合意之结合正是法官达成止争目的的手段之一。

2. 查明事实、分清是非原则

"查明事实、分清是非"是我国民事审判中法院调解的一项原则。②1982 年《民事诉讼法（试行）》就法院调解对案件事实的要求是"查明事实、分清是非"，1991 年《民事诉讼法》正式颁布，将其修改为"在事实清楚的基础上，分清是非，进行调解"。2012 年《民事诉讼法》修订仍沿用这一规定。虽然法律规定措辞有所改变，但相关立法解读与一些权威教科书仍使用"查明事实、分清是非"的表述③，这表明立法对法院调解就案件事实所提出的要求没有实质区别，均要求事实被查明、是非被明辨。

这一要求与德国、日本的诉讼上和解差异甚大。德国、日本的诉讼上和解并未要求在事实清楚、分清是非的基础上进行，只是要求满足实体与程序要件。实体要件包括当事人对诉讼标的之权利或法律关系有权自由处分、当事人诉讼和解之意思表示无须构成实体法上无效或撤销之原因、当事人就诉讼标的互相让步以终结诉讼为目的。程序要件包括当事人有诉讼

---

① 曾令健：《法院调解社会化：实践评价与学理反思》，载《中南大学学报（社会科学版）》2019 年第 3 期，第 40 页。

② 现行《民事诉讼法》第 96 条规定：人民法院审理民事案件，根据当事人自愿的原则，在事实清楚的基础上，分清是非，进行调解。

③ 例如全国人大常委会法制工作委员会民法室：《中华人民共和国民事诉讼法解读（2012年最新修订版）》，中国法制出版社 2012 年版，第 238 页；江伟、肖建国：《民事诉讼法》，中国人民大学出版社 2015 年版，第 219 页；张卫平：《民事诉讼法》，中国人民大学出版社 2015 年版，第 262 页。

能力、当事人适格、在诉讼系属中依法定方式进行。① 这种实体要件与程序要件的规定是立足于法院完全尊重当事人的处分行为。

也有实务工作者对"查明事实、分清是非"原则产生怀疑，认为"查明事实"与民事诉讼及调解制度本身存在矛盾，国外诉讼和解不要求查明事实，主张取消该原则。② 对此，有学者提出反对意见，指出虽然在法院调解中，纠纷解决体现的是当事人的合意，但法院调解终究是在诉讼制度架构内进行，应当遵守以事实为根据、以法律为准绳的司法原则。③ 另有学者从"查明事实、分清是非"原则的形成演变、法院调解的性质、民事诉讼法的任务、当事人的期待、判断型调解和调审合一的程序等方面阐述了该原则存在之法理基础。④

笔者认为，法院调解作为法院审理民事案件的一种运作方式，虽然以当事人达成合意解决纠纷，但法院的职权要素亦十分鲜明，"查清事实、分清是非"就是法院鲜明职权要素之体现。法院调解是人民法院的审判行为与当事人处分行为的结合，而当事人和解则是当事人行使处分权的体现。与判决相同，法院调解是人民法院的结案方式之一，法院调解所达成的调解书等同于判决的效力；而当事人和解一般情况下并非结案的方式，当事人双方自行达成和解协议后，通常以原告撤诉的方式终结诉讼。在我国历史积淀与国情之下，民事诉讼制度尚不够完善，法院促成当事人达成调解曾是首要选择，若取消"查清事实、分清是非"之原则，可能不利于法院依法审理案件水平之提高。

---

① 姜世明：《"民事诉讼法"》（下册），新学林出版股份有限公司2015年版，第228 - 229页。

② 宋朝武、黄海涛：《调解真实原则质疑——从程序保障看调解制度改革》，载《法律适用》2005年第5期，第30页。

③ 江伟、肖建国：《民事诉讼法》，中国人民大学出版社2015年版，第219页。

④ 李浩：《查明事实、分清是非原则重述》，载《法学研究》2011年第4期，第120 - 135页。

在德国，诉讼上和解有时也被赞誉为法官活动的光辉顶点，被看作健康的司法一直应附加的目标，不过其法律政治价值仍值得商榷。有学者指出，当事人双方若能通过诉讼上和解结束彼此间的所有诉讼，那么其通过和解解决要好于通过判决裁判。不过和解并非适用所有情况，法官不应逼促当事人进行和解。法院不同于仲裁所，法官也不是仲裁人，法院与法官的职责在于判断正误、明辨是非。在法院，如果全部或大部分诉讼通过和解而非通过判决得到解决，当妥协代替了正义的实现，那么法律规范的适用要求将逐渐失去实践意义，国家的法律规范很大程度上会变成毫无拘束力的、通过当事人合意便可排除的"规则手册"。如此发展对法律规范而言是致命的。[①]

三、调解与民事司法之拉锯

"拉锯"是指两个人用锯子一来一往地锯东西，形容双方来回往复。在当下民事纠纷解决机制中，调解与民事司法之间呈现拉锯状态。协助调解与委托调解可以视为法院对司法权的让予，而调解协议的司法确认程序又体现了法院民事司法权对诉讼外调解之干预。这些程序的确丰富了民事纠纷解决路径，但也给调解与民事司法的拉锯平添许多内耗，民事司法究竟要以何面目屹立于民事纠纷解决机制中，值得深思。

（一）协助调解与委托调解

《民事诉讼法》第98条规定了邀请调解，亦称协助调解。[②] 最高人民

---

① 奥特马·尧厄尼希：《民事诉讼法》，周翠译，法律出版社2003年版，第256－257页。
② 《民事诉讼法》第98条规定：人民法院进行调解，可以邀请有关单位和个人协助。被邀请的单位和个人，应当协助人民法院进行调解。

法院通过操作规定细化了协助调解，并增加了委托调解。[①] 协助调解与委托调解均是法院调解在主体上向社会力量的拓展，因此二者是法院调解社会化的两种形式。

协助调解与委托调解是向法院调解导入社会力量的过程，亦可以看成法院在向社会力量让渡民事纠纷司法审判权的过程。这在很大程度上会拉近社会型救济与公力救济之间的距离，使整个社会的纠纷解决体系能更好地运转。法院调解社会化中的公力救济与社会型救济之结合在一定程度上能缓和同一个审判结构中调解与审判的结构困境，对重新正名调解之纠纷解决属性有重要价值，但同时，亦应警惕司法权旁落与法律虚无主义的风险，并正视法院调解社会化的动力机制之缺失。[②]

（二）调解协议的司法确认程序

调解协议的司法确认程序，是指产生民事纠纷的双方主体经人民调解委员会就纠纷的解决达成协议后，依据《中华人民共和国人民调解法》（以下简称《人民调解法》）、《民事诉讼法》的相关规定向有管辖权的人民法院申请确认该调解协议使其获得执行力的程序。[③] 这一程序是人民法院运用司法权给予人民调解工作的有力支持，同时也是对当事人的司法保障，确保调解协议的有效执行。但是调解协议司法确认程序在适用上存在些许误区，影响了该程序的实际效用。

[①] 《最高人民法院关于人民法院民事调解工作若干问题的规定（2020 修正）》第 2 条：根据民事诉讼法第九十五条的规定，人民法院可以邀请与当事人有特定关系或者与案件有一定联系的企业事业单位、社会团体或者其他组织，和具有专门知识、特定社会经验、与当事人有特定关系并有利于促成调解的个人协助调解工作。经各方当事人同意，人民法院可以委托前款规定的单位或者个人对案件进行调解，达成调解协议后，人民法院应当依法予以确认。

[②] 曾令健：《法院调解社会化：实践评价与学理反思》，载《中南大学学报（社会科学版）》2019 年第 3 期，第 43 页。

[③] 赵钢、占善刚、刘学在：《民事诉讼法》，武汉大学出版社 2015 年版，第 334 页。

1. 调解协议司法确认程序存在的适用误区

第一，扩大化的司法确认程序适用范围。作为规定司法确认程序适用范围的首个全国性司法文件，《最高人民法院关于建立健全诉讼与非诉讼相衔接的矛盾纠纷解决机制的若干意见》（以下简称《诉讼与非诉讼衔接若干意见》）第 20 条将行政机关、人民调解组织、商事调解组织、行业调解组织或者其他具有调解职能的组织经过调解达成的具有民事合同性质的协议，全部纳入司法确认程序的范围，意图实现诉讼与非诉讼调解的全方位对接，以体现对各种非诉讼调解的同等对待。立法机关考虑到司法确认程序会改变法院与非诉讼调解主体的关系结构，尤其是与行政机关的关系，于是采取保守审慎之态度。① 对此，2012 年《民事诉讼法》第二次修正时有所限缩，使用的是"人民调解法等法律"以及"调解组织"的字眼。② 然而实践中，除了依据《人民调解法》成立的人民调解委员会组织调解达成的调解协议适用司法确认程序，由行政机关、商事调解组织、行业调解组织甚至个人主持调解达成的调解协议适用司法确认程序屡见不鲜。于是 2021 年《民事诉讼法》第四次修正时，将可以申请司法确认程序的调解协议分为两类：一类是人民法院调解组织开展先行调解所达成的调解协议；另一类是调解组织自行开展调解所达成的调解协议。③ 2023 年《民事诉讼法》第五次修正对此未作改变。

---

① 刘加良：《非诉调解协议司法确认程序的实践误区及其矫正》，载《政治与法律》2018 年第 6 期，第 143 页。

② 《民事诉讼法》（2012）第 194 条：申请司法确认调解协议，由双方当事人依照人民调解法等法律，自调解协议生效之日起三十日内，共同向调解组织所在地基层人民法院提出。

③ 《民事诉讼法》（2021）第 201 条：经依法设立的调解组织调解达成调解协议，申请司法确认的，由双方当事人自调解协议生效之日起三十日内，共同向下列人民法院提出：（一）人民法院邀请调解组织开展先行调解的，向作出邀请的人民法院提出；（二）调解组织自行开展调解的，向当事人住所地、标的物所在地、调解组织所在地的基层人民法院提出；调解协议所涉纠纷应当由中级人民法院管辖的，向相应的中级人民法院提出。

第二，司法确认程序的适用过程发生偏差。建立司法确认制度的最初设想是通过司法确认的方式，赋予人民调解协议具有被强制执行的效力，以威慑不履行调解协议之当事人，达成调解协议顺利履行、案结事了的目的，并非要用司法"代替"人民调解。人民调解协议是在人民调解组织的主持下，双方当事人自愿达成之民事合同，其实现应当主要依靠当事人的自觉履行，而不应当是通过司法确认取得确认书之后的国家强制执行，否则将从根本上消解调解的自愿性。①

2. 调解协议司法确认程序适用误区之消极影响

近年来，为了促进调解协议的顺利履行，实务部门大力宣传和鼓励公众适用司法确认程序，客观上来说，此与该制度确立之初衷有所偏离，一定程度上过度凸显了该制度的角色和地位。

第一，此将导致司法确认程序功能错位。大力构建和谐社会、推动社会管理体制机制创新、有效化解民事纠纷并优化司法资源配置是《民事诉讼法》修改的主要目的之一。调解协议的司法确认程序是为构建多元化纠纷解决机制、健全诉讼与非诉讼相衔接的矛盾纠纷解决、为人民群众提供更多可供选择的纠纷解决方式而提出的，应当以实现案件分流、有效化解民事纠纷、优化司法资源配置为制度价值追求。但司法确认程序在实践运用中，司法过多介入调解，使案件分流、减轻法院负担的初衷并没有实现，反倒呈现"旋转门"现象②，换言之，司法确认程序不是要司法通过诉讼外调解解决纠纷，而是要让诉讼外调解真正发挥解决纠纷的作用。

检验司法确认程序功效优劣的标准并非适用率的高低，而在于适用之后，当事人自愿履行调解协议之情况。如果一开始申请司法确认的比率很高，但经司法确认后的案件自愿履行比例低，大多需要通过强制执行程序

---

① 潘剑锋：《论司法确认》，载《中国法学》2011年第3期，第49页。
② "旋转门"（Revolving Door）现象是指一进一出的人员流动。

来实现，那么此种情况下的司法确认就并未起到威慑作用，而是"替代"了纠纷当事人的自愿履行，导致程序倒流、矛盾后移以及执行压力巨大的"旋转门"现象。所以司法确认制度发挥积极效应的理想状态是，申请司法确认的案件比率不高，但经过司法确认的调解协议大多都能获得自愿履行。也即，立法本身是想通过此种高悬在上、潜在威慑的制度逐渐培养起当事人诚实守信的观念意识，营造自觉履约的社会环境。

总而言之，法律保护协议的履行，首先应当仰赖双方当事人自觉履行。司法确认程序属于非讼程序，是调解协议被强制执行的保障，只具防守性，不能"主动出击"，只能"备而不用"。[①] 如果调解协议经司法确认后，强制执行的情况增多，那便突破了"备而不用"之预期，产生司法过多干涉人民调解之消极影响。

第二，有虚假调解之可能，或侵犯国家利益、社会公共利益和他人合法权益。实践中，双方当事人通过"虚假调解协议＋司法确认"的方法获得强制执行来规避行政管理以转移物权的情况不在少数。法院应当围绕人民调解协议所约定的双方所负担之给付义务是否适于强制执行进行审查[②]，亦应审查人民调解协议之真实性，否则当事人极有可能利用该程序进行恶意串通以侵害第三人利益、社会公共利益甚至国家利益；或者借助司法确认程序的强制执行力来规避社会监管、实现不法目的。如此一来，必将危及公权力之严肃性，损害司法公信力。

3. 调解协议司法确认程序适用之矫正

首先，调解协议履行期限届满后，再申请司法确认并强制执行。根据

---

① 潘剑锋：《民诉法修订背景下对"诉调对接"机制的思考》，载《当代法学》2013 年第 3 期，第 111 页。
② 占善刚：《人民调解协议司法确认之定性分析》，载《法律科学（西北政法大学学报）》2012 年第 3 期，第 144 页。

《人民调解法》第 33 条规定①可知，双方达成调解协议后，先申请司法确认，再等待负有义务一方履行协议，如果一方当事人拒绝履行或者未全部履行，再向法院申请强制执行。司法确认程序基于强化调解协议的执行效力、确保调解协议被顺利履行的目的提出，但此种设计会让负有义务一方产生不被信任的感觉。既然不被信任，那么有可能出于"破罐子破摔"的心理，干脆等着法院强制执行。或许，我们可以调整申请适用司法确认程序的时间，在调解协议约定的履行期限届满之后，如果一方当事人拒绝履行或者未全部履行，对方当事人可向人民法院申请司法确认并强制执行。

其次，明确司法确认程序审查的内容。由于要对未经过诉讼程序审理的调解协议适用强制执行，以实现当事人的权益诉求，那么人民法院在作出义务人履行调解协议的司法确认书之前，应当审查调解协议是否真实；应当审查双方所约定负担之给付义务是否适用于强制执行，是否存在可撤销或者无效等情况，在此基础上作出判决，该司法确认书受法院强制执行力保障。

最后，从表面上看，协助调解、委托调解以及调解协议的司法确认程序反映了调解与民事司法的拉锯状态，其本质反映的则是立法者对民事诉讼目的的又一次探索。只是这些探索仍处于摇摆状态，虽然试图在与诉讼类似的同种制度的相互关联中找到诉讼目的之确切位置，但民事诉讼并非一成不变，根据给定目的来设计诉讼制度或为了实现同一目的而考虑诉讼

---

① 《人民调解法》第 33 条规定：经人民调解委员会调解达成调解协议后，双方当事人认为有必要的，可以自调解协议生效之日起三十日内共同向人民法院申请司法确认，人民法院应当及时对调解协议进行审查，依法确认调解协议的效力。人民法院依法确认调解协议有效，一方当事人拒绝履行或者未全部履行的，对方当事人可以向人民法院申请强制执行。人民法院依法确认调解协议无效的，当事人可以通过人民调解方式变更原调解协议或者达成新的调解协议，也可以向人民法院提起诉讼。

多种多样的方式都是可能的，不过，此种情况下仍有必要维持民事诉讼本身的特殊性质。①

总而言之，我国目前的法院调解处于调审合一的结构困境，其实是法治不完善之表现。法院调解坚持"查清事实、分清是非"之原则，推动调审分离，促使法院依法审判的纯粹化，应当是提升我国民事诉讼制度现代化水平的重要思路。

第二节　行政诉讼调解制度的"有限确立"

脱胎于民事诉讼的我国行政诉讼制度，在形成之初坚决反对行政案件适用调解，但随着司法实践推进，以"协调和解撤诉"为手段，人民法院频频突破立法规定审结大量行政案件。面对日益严峻之司法实践，2014年《行政诉讼法》修改，虽然仍旧规定行政案件不适用调解，但已大幅拓展适用调解之行政案件范围，"有限"的行政诉讼调解制度获得确立。2017年修改《行政诉讼法》对此条内容未作调整。

一、"曲线救国"式的行政诉讼调解——协调和解撤诉

2014年《行政诉讼法》修改之前，我国行政诉讼调解制度经历了从"除行政赔偿诉讼外，人民法院审理行政案件不适用调解"到司法实践中常见以协调和解撤诉为手段终结行政诉讼的巨大转变。

①　[日]谷口安平：《程序的正义与诉讼》（增补本），王亚新、刘荣军译，中国政法大学出版社2002年版，第47页。

（一）缘起：除行政赔偿诉讼外，行政案件禁止调解

20 世纪 80 年代初期，我国尚未出台《行政诉讼法》，人民法院依据民事诉讼法审理行政案件①，这便意味着人民法院审理行政案件时亦着重调解。但在 1987 年行政立法研究组开始尝试拟定《行政诉讼法（试拟稿）》之后，便规定行政案件不适用调解，但允许法院进行说服教育促使原告撤诉，而且可以在调解的基础上对行政赔偿案件进行判决。② 1988 年 7 月，全国人大常委会法工委发出《行政诉讼法（征求意见稿）》，删去了允许法院对当事人进行说服教育促使原告撤诉的规定。③ 当时全国人大常委会法工委就《行政诉讼法（征求意见稿）》作过说明，其中指出："审理行政案件不适用调解，因为行政机关代表国家进行行政管理，不能自己任意处分权利。但征求意见稿规定，在法院判决以前，原告可以撤诉，被告也可以撤销或者改变其所作的具体行政行为，是否准许撤诉，由法院裁定。"④ 1988 年 10 月，第七届全国人大常委会第四次会议通过《行政诉讼法（草案）》，第 30 条只保留了"审理行政案件不采用调解方式"之规定，将"行政案件中涉及赔偿的部分可进行调解"的规定删去。经

---

① 1982 年《民事诉讼法（试行）》第 3 条第 2 款规定："法律规定由人民法院审理的行政案件，适用本法规定。"

② 1987 年《行政诉讼法（试拟稿）》第 6 条规定："人民法院审理行政案件不适用着重调解的原则，也不以调解为结案方式。但人民法院对责任明确的案件可以在公开审理前向双方当事人作说服教育工作，使起诉人撤诉，或应诉人主动承担责任，得到谅解，再由起诉人撤诉。涉及行政赔偿的案件，也可以在调解的基础上判决。"参见何海波：《行政法治奠基时——1989 年〈行政诉讼法〉史料荟萃》，法律出版社 2019 年版，第 11－12 页。

③ 1988 年《行政诉讼法（征求意见稿）》第 30 条规定：审理行政案件不适用调解。对行政案件中有关赔偿的部分，可以进行调解。参见何海波：《行政法治奠基时——1989 年〈行政诉讼法〉史料荟萃》，法律出版社 2019 年版，第 26 页。

④ 何海波：《行政法治奠基时——1989 年〈行政诉讼法〉史料荟萃》，法律出版社 2019 年版，第 32 页。

过微调之后，1988 年 11 月 10 日，《人民日报》刊登《中华人民共和国行政诉讼法（草案）》，向社会各界征求意见。1989 年 3 月，第七届全国人大二次会议发出《行政诉讼法（草案）》供代表审议，其中有代表提出，建议规定行政案件可以适用调解，不宜一律规定"不适用调解"。① 不过，这一建议未被采纳，1989 年 4 月 4 日，《行政诉讼法》正式通过，第 50 条规定：人民法院审理行政案件，不适用调解。第 67 条第 3 款规定：赔偿诉讼可以适用调解。综合可知，除行政赔偿诉讼外，人民法院审理行政案件，不适用调解。

中国古代社会并无西方意义上的法治学说或法治实践，1840 年后的近代中国，康有为、梁启超等人倡导法律变革但未获成功。我国真正开始进行法治建设起步于 1978 年。改革开放之后，近代法治理念逐渐传入我国。执行（行政）权是国家权力的一种，与具有第一性和至高性的立法权不同，是第二位的和派生性的权力，主要任务在于执行法律、完成掌权者给它的委托。行政机关无时无刻不在全国范围内发挥作用，因此行政权具有全面性。同时，行政权掌握大量的人力物力财力，其发挥作用也是具体的。② 依据当时国内主流通说，行政权是国家行政机关为管理国家行政事务和社会事务而执行法律的权力，具有不可处分性，除非符合法定条件并经过法律程序，行政主体不得自由转让或自由放弃行政职权，否则应当承担法律责任。③ 对于行政权，人类一直面临两难选择：因行政

---

① 1989 年 3 月《行政诉讼法（草案）》第 48 条规定："人民法院审理行政案件，不适用调解。"第 65 条第 3 款规定："赔偿可以适用调解。"参见何海波：《行政法治奠基时——1989 年〈行政诉讼法〉史料荟萃》，法律出版社 2019 年版，第 99、102、112 页。

② ［俄］B. B. 拉扎列夫主编：《法与国家的一般理论》，王哲等译，法律出版社 1999 年版，第 308 页。

③ 张焕光、胡建淼：《行政法学原理》，劳动人事出版社 1989 年版，第 21 - 24 页。

权存在的腐败导致人们对其持怀疑、恐惧和排斥态度；同时也有因社会需要的增多对行政权扩大之依赖。故而在现代社会，国家与社会一方面需要依靠行政权实现人们的各方面需求，另一方面又竭尽全力对其进行控制以切实保障人们的权利与自由。① 虽然这看起来十分矛盾，却是客观规律。人权保障是法治国家的现代标志，权力制约是法治国家的根本表征。② 行政机关的行政权力是法律赋予的国家公权，行政机关一般不得自行处分，为建设法治国家，必须对行政权进行控制。正是怀着如此朴素而又务实的法治理念，1989 年《行政诉讼法》通过了"人民法院审理行政案件，不适用调解"的规则。然而实践中，这一立法愿景遭遇了现实的冲击。

（二）"曲线救国"：协调和解撤诉

曲线救国，本意是指采取直接的手段不能够解决时，就采取间接的、效果慢一些的手段来达到目的。比如正面抗击日本侵略军能力不够，需要发动军队以外的各界人士和力量，或者从侧面迂回牵制干扰的策略，一点一点地争取胜利，甚至可能还要放弃一部分已经得到的东西，但斗争的大方向不变。

在行政案件不适用调解的原则之下，法院通过协调和解撤诉审结大量行政案件，被喻为"曲线救国"。行政案件的协调和解撤诉确实迂回曲折，但在这一过程中，法院审理行政案件的目的已从监督行政、保护权益演变为解纷，这将导致行政诉讼立法确立之目标发生偏离。

长久以来，对行政纠纷进行调解缺乏实体法依据，人民法院以协调和

---

① 胡建淼：《公权力研究》，浙江大学出版社 2005 年版，第 306 页。
② 卓泽渊：《法治国家论》，法律出版社 2018 年版，第 55－59 页。

解手段解决行政纠纷的，最终都要归结到由原告向法院申请撤诉这一法律程序上来①，于是，《行政诉讼法》关于撤诉的规定②成为法院对行政案件进行协调和解的主要法律依据。人民法院广泛运用"协调和解"的手段，促成原告撤诉，成为人民法院审结行政案件的重要方式。20 世纪 90 年代中期，就有实务工作者撰文陈述行政诉讼撤诉率居高不下之状况。③ 到 20 世纪末，行政诉讼撤诉率持续走高，维持在 40% 以上。进入 21 世纪，行政诉讼案件撤诉率有所降低，但仍在 30% 以上。④ 尽管原告撤诉的原因并非完全来自调解，但是因调解而导致原告撤诉的比率之高，已无人质疑。⑤

2007 年 1 月，最高人民法院提出"探索行政诉讼和解制度"要求⑥，2010 年 6 月，提出牢固树立"调解优先"理念，不仅要把调解贯穿于立案、审判和执行的各个环节，而且要将调解、和解和协调案件范围从民事案件逐步扩展到行政案件、刑事自诉案件、执行案件等案件中。⑦ 此后到 2014 年之间，行政诉讼案件撤诉率超过 40%（见表 1）。

---

①　谭炜杰：《从撤诉到契约：当代中国行政诉讼和解模式之转型》，载《行政法学研究》2012 年第 3 期，第 72 页。

②　1989 年《行政诉讼法》第 51 条：人民法院对行政案件宣告判决或者裁定前，原告申请撤诉的，或者被告改变其所作的具体行政行为，原告同意并申请撤诉的，是否准许，由人民法院裁定。

③　孙林生、邢淑艳：《行政诉讼以撤诉方式结案为什么居高不下？——对 365 件撤诉行政案件的调查分析》，载《行政法学研究》1996 年第 3 期，第 34 页。

④　何海波：《实质法治——寻求行政判决的合法性》，法律出版社 2009 年版，第 64 页。

⑤　黄学贤：《行政诉讼调解若干热点问题探讨》，载《法学》2007 年第 11 期，第 43 页。

⑥　参见《最高人民法院关于为构建社会主义和谐社会提供司法保障的若干意见》（法发〔2007〕2 号）第 20 条。

⑦　参见《最高人民法院关于进一步贯彻"调解优先、调判结合"工作原则的若干意见》（法发〔2010〕16 号）。

表1　2006—2022 年一审行政案件撤诉情况统计　　　　（件）

年份	一审行政案件结案量	撤诉案件量	撤诉率（%）
2022	283532	62537	22.1
2021	298301	59095	19.8
2020	266312	53423	20.1
2019	284362	55049	19.6
2018	251355	50967	20.3
2017	229112	47880	20.9
2016	225020	44303	19.7
2015	198772	42925	21.6
2014	130964	39592	30.2
2013	120675	50521	41.9
2012	128625	64104	49.8
2011	136361	65389	48.0
2010	129806	57745	44.5
2009	120530	46327	38.4
2008	109085	39169	35.9
2007	100683	37210	36.6
2006	95052	31801	33.5

资料来源：2006—2022 年一审行政案件撤诉情况统计表中"一审行政案件结案量"与"撤诉案件量"数据来自全国法院司法统计公报，最高人民法院官网：http：// gongbao. court. gov. cn/ArticleList. html? serial_no = sftj. （最后访问日期：2024 年 2 月 18 日）。撤诉率为笔者计算得出，公式为：撤诉案件量/一审行政案件结案量×100%。

　　这期间，理论界对行政诉讼案件能否适用调解展开了十分激烈的讨论。许多学者支持行政诉讼调解，如黄学贤教授主张立足于实践需求肯定行政诉讼调解，并对其进行制度构建①；沈福俊教授指出最高人民法院倡

————————

①　黄学贤：《行政诉讼调解若干热点问题探讨》，载《法学》2007 年第 11 期，第 46 页。

导的行政诉讼协调和解机制与我国《行政诉讼法》不适用调解的规定不符，《行政诉讼法》关于撤诉的规定是为限制撤诉而非鼓励撤诉，认为应当从法律层面规范行政诉讼协调和解①；喻文光教授充分肯定了行政诉讼调解的制度需求，从合作国家、能动司法、行政诉讼目的、成本收益等方面提出实行行政诉讼调解的可行性，认为调解与和解完全不同，指出必须根据争议的性质和实际情况确定该行政争议是否适用调解，但确定行政案件适合调解的具体标准并未论及。② 也有学者反对诉讼调解，如林莉红教授明确反对行政诉讼中法院主持的、对被诉行政行为合法性审查问题在双方当事人之间进行调解的机制③；有学者反对在行政诉讼中过度调解④。经过多年的争论之后，2014 年《行政诉讼法》进行了修改，虽坚持人民法院审理行政案件不适用调解之原则，但扩展了可以适用调解之范围。

二、确立有限的行政诉讼调解

2014 年《行政诉讼法》进行修改，确立了有限的行政诉讼调解制度。称其"有限"，是指原则上人民法院审理行政案件不适用调解。但是，行政赔偿、补偿以及行政机关行使法律、法规规定的自由裁量权的案件可以调解。2017 年再次修改《行政诉讼法》仍保留了这个原则。

---

① 沈福俊：《和谐统一的行政诉讼协调和解机制》，载《华东政法大学学报》2007 年第 6 期，第 18 页。

② 喻文光：《行政诉讼调解的理论基础与制度建构》，载《华东政法大学学报》2013 年第 1 期，第 15 页。

③ 林莉红：《论行政诉讼中的协调——兼评诉讼调解》，载《法学论坛》2010 年第 5 期，第 44 页。

④ 张峰振：《法律虚无主义：过度调解对中国行政诉讼的危害》，载《江苏行政学院学报》2013 年第 3 期，第 125 页。

（一）原则：不适用调解

《行政诉讼法》坚持人民法院审理行政案件不适用调解之规定，主要基于行政诉讼具有监督行政机关依法行使职权之目的，具有客观法秩序维护功能之考虑。

根据原告起诉或国家设置诉讼制度之目的与人民具体权益之浓淡关系的不同，可将行政诉讼分为主观诉讼与客观诉讼。主观诉讼是以保护主观之个人权益为目的的诉讼类型，客观诉讼是以行政适法性控制、客观法秩序维护为目的的诉讼类型。① 有学者认为我国现阶段的行政诉讼基本上仍属主观诉讼之范畴，但留有客观诉讼的制度空间。② 有学者认为我国行政诉讼在结构上呈现"内错裂"状态，采取德国式主观诉讼的原告资格、法国式客观诉讼的合法性审查，将之杂糅在一起，既不是完整意义上的主观诉讼，也不是完整意义上的客观诉讼。③ 也有学者主张我国行政诉讼应当兼顾个人权利救济与客观法秩序维护双重关系，但行政诉讼模式总体上是客观法秩序维护功能模式，同时具有兼顾主观公权利④保护模式的特点。⑤ 另有观点认为，我国行政诉讼具有客观诉讼定位的宪法基础，行政诉讼原告资格条款、行政行为合法性审查原则以及相应的判决种类，夯实

---

① 刘宗德、彭凤至：《行政诉讼制度》，载翁岳生编：《行政法》（下），中国法制出版社2009年版，第1348页。

② 梁君瑜：《论行政纠纷可诉性》，载《北方法学》2019年第6期，第87页。

③ 薛刚凌、杨欣：《论我国行政诉讼构造："主观诉讼"抑或"客观诉讼"？》，载《行政法学研究》2013年第4期，第36页。

④ 主观公权利，是指个人得以凭借公法规范被赋予法律权能，从而能够为实现自身利益而要求国家做出特定行为（包括作为、容忍与不作为）。参见何源：《保护规范理论的适用困境及其纾解》，载《法商研究》2022年第3期，第58页。王天华：《主观公权利的观念与保护规范理论的构造》，载《政法论坛》2020年第1期，第35页。

⑤ 邓刚宏：《论我国行政诉讼功能模式及其理论价值》，载《中国法学》2009年第5期，第59页。

了行政诉讼的客观诉讼功能。①

还有学者认为，2014 年《行政诉讼法》不愿舍弃"不适用调解"之原则，仍然沿袭旧法关于行政诉讼不适用调解的规定，主要是迫于行政诉讼的客观诉讼定位、司法公信力减弱、担心引发更多行政争议等多层因素之考虑。第一，人民法院对行政行为进行合法性审查是行政诉讼的基本原则。对于行政行为是否具有合法性，行政机关没有处分权，它不能拿行政行为的合法性认定做交易。据此，行政诉讼主要定位于客观诉讼，具有维护客观法秩序之功能。第二，从行政案件司法实践中相当高的撤诉率可以看出，行政案件的解决并不是以诉讼为主要方式，而是以调解等其他方式为主要方式。② 为此，立法希望人民法院对行政案件的处理更多的是依法裁判，而不是调解，以便树立规则，增强预期，进而获得社会认同，提升司法公信力。

（二）例外："有限"调解

然而，立法也因为一些原因在不适用调解的原则之下留了一个口子，允许行政赔偿、补偿以及行政机关行使法律、法规规定的自由裁量权案件进行调解。这些原因包括如下几种。

1. 理论依据

21 世纪的第一个 10 年，理论界就行政诉讼能否适用调解、如何对待行政诉讼调解展开见仁见智的讨论，其中不乏支持之声，其理论依据主要表现为以下两点：

第一，行政裁量权可处分。立法规定"人民法院审理行政案件不适用调解"的主要依据是公权力不得处分说，这也是对支持行政诉讼调解

---

① 成协中：《论我国行政诉讼的客观诉讼定位》，载《当代法学》2020 年第 2 期，第 75 页。
② 江必新、梁凤云：《行政诉讼法理论与实务》，法律出版社 2016 年版，第 1185 页。

一派学者观点的主要质疑之处。质疑者认为公权力不是不得处分，而是不得随意处分。例如刘东亮教授认为现代行政法治的一大特征在于行政机关享有广泛的裁量权，可以在行政程序中，审时度势，灵活行使。作出行政行为后，若认为有所不当，还可以在诉讼程序中改变原行政行为。① 邹荣教授认为行政裁量权决定公权力的有限处分，只要行政案件中含有行政裁量余地，就存在调解的可能，而且只有具有裁量权的行政行为才可以进行调解。② 周佑勇教授认为行政裁量权的广泛存在意味着行政机关拥有一定权力处分的自治空间，可以根据时势需要以及行政目的之考量作出灵活机动的选择判断，从而为行政权和解提供权力基础，为行政诉讼和解预留空间，奠定理论基础。③ 方世荣教授在论及行政诉讼调解的适用范围时，指出存在自由裁量行为的案件可以适用诉讼调解，理由同样遵循上述思路，认为自由裁量是行政主体寻求最合理选择的过程，行政机关拥有广泛的自由裁量权，在法律允许范围内就拥有自主收放的权力空间，这为调解提供了基础。④

　　第二，契约行政的兴起。赞同行政案件适用诉讼调解的又一理论支撑在于契约行政或曰合作行政的兴起。契约行政是指行政机关利用行政契约行使公权力，完成国家公共任务的行政模式。⑤ 在这种行政模式中，公法契约可以作为行政活动的法律形式，行政从权力性走向合意性。⑥ 邹荣教

---

　　① 刘东亮：《论行政诉讼中的调解——兼与朱新力教授商榷》，载《行政法学研究》2006年第2期，第79页。

　　② 邹荣、贾茵：《论我国行政诉讼调解的正当性构建》，载《行政法学研究》2012年第2期，第30页。

　　③ 周佑勇：《和谐社会与行政诉讼和解的制度创新》，载《法学论坛》2008年第3期，第33－34页。

　　④ 方世荣：《我国行政诉讼调解的范围、模式及方法》，载《法学评论》2012年第2期，第62页。

　　⑤ 于安编著：《德国行政法》，清华大学出版社1999年版，第133页。

　　⑥ 杨欣：《民营化的行政法研究》，知识产权出版社2008年版，第136页。

授认为在契约行政中，行政主体和相对人的关系从一种管理与被管理的对立状态发展为合作、协商，经历着从单一行政命令到意志交互甚至合意的深刻转变，行政行为程序中的合作性决定了行政争议产生后协商解决的可能性。[①] 喻文光教授亦认为行政诉讼调解是在合作国家背景下，行政诉讼对行政活动方式多元化和行政法变革作出的回应，是司法现代化改革的表现。[②]

理论界认为行政机关具有裁量权是行政案件可以适用调解的充分条件，加之契约行政兴起，为人民法院利用调解解决行政争议提供契机，这些为立法修改调解之规定提供了相当程度的理论支撑。

2. 规范"协调和解"的现实需要

立法允许一部分行政案件进行调解的另一层原因在于规范协调和解的现实需要。有学者认为，行政诉讼的功能不限于对行政争议进行合法或违法的二元裁判，而是要定分止争，做到案结事了，可以用和解或调解彻底解决争议。[③] 有学者指出法院审理行政案件时以协调和解结案，虽未直接使用"调解"字眼，但实质都是一样，在法治首先是"形式法治"的情况下，法院的这种做法将危及整个法治大厦。[④] 法院积极探索行政诉讼协调和解，一定程度上会助长法院不依法办事的倾向，有违法律保留原则，与其让这种"犹抱琵琶半遮面"的现象长期游离于法治之外，不如顺应实践的客观需要，承认其合法性，并用法律予以规范，使行政诉讼协调和

① 邹荣、贾茵：《论我国行政诉讼调解的正当性构建》，载《行政法学研究》2012 年第 2 期，第 30 页。

② 喻文光：《行政诉讼调解的理论基础与制度建构》，载《华东政法大学学报》2013 年第 1 期，第 8 页。

③ 喻文光：《行政诉讼调解的理论基础与制度建构》，载《华东政法大学学报》2013 年第 1 期，第 8 页。

④ 姜明安：《"协调和解"：还需完善法律依据》，载《法制日报》2007 年 4 月 4 日第 3 版。

解在法律框架下运行。[①] 完善法律规范成为法院继续走协调和解之路的前提，于是 2014 年《行政诉讼法》修改关于调解的规定完全是意料之中。就连增加"解决行政争议"之立法目的，有学者认为法院本身就具有该功能，增加该目的只是为了强调法院定分止争的效果。如此看来，确立行政诉讼调解制度未必单纯就是落实"解决行政争议"立法目的之举措，说二者是相互成就的关系或许更加贴切。[②]

坦言之，行政诉讼立法允许诉讼调解，实乃立法者对司法实践之"迁就"。这是为法院利用调解审理行政案件创造了法律依据而已，不是行政机关处分公权力的法律依据，行政机关的处分权需要行政实体法上的明确授权。对此，立法一方面规定行政案件不适用调解，另一方面允许行政案件适用调解，造成了"以子之矛，攻子之盾"之关系状态。依法裁判与行政诉讼调解两种处理方式存在于同一程序中，必然引起两种理念之冲突。存在大量的案外和解是一种复杂的社会现象，这种现象并非仅仅因为行政诉讼不允许调解所致，因而不是修改了立法、允许行政诉讼进行调解就可从根本上减少。行政机关出于工作要求，执法中有时可能理解过于片面，导致行政纠纷产生。当行政纠纷诉诸法院，法院出于尽快案结事了之目的，使用协调和解手段促使原告撤诉，是否公正值得商榷。一旦存在法院的不公正审理，又会增加人们的信访频率，反而使行政机关面临更深一层的工作压力。如此一来，从片面执法到行政纠纷产生，从法院协调和解到信访增加，造成对司法权威的质疑。解决之法绝不是简单地在立法上允许行政诉讼调解，通过为"协调和解"正名这一方式来获取司法公信力的提升，从长远来看，这种做法不仅无助于司法公信力之提升，反而易

---

① 沈福俊：《和谐统一的行政诉讼协调和解机制》，载《华东政法大学学报》2007 年第 6 期，第 26 页。

② 江必新、邵长茂：《新行政诉讼法修改条文理解与适用》，中国法制出版社 2015 年版，第 20 页。

衍生出诸多乱象。当然，从行政机关执法源头进行改善固然最重要，但是在司法环节，法院应当依法裁判，为行政机关树立规则，引导其科学执法才是正理。

三、行政诉讼中调解之概念辨析

民事诉讼中，当事人双方达成合意解决纠纷的机制，国外称为诉讼上和解，我国称为法院调解。关于二者的异同，上文已经介绍过。比起民事纠纷，行政争议的解决要复杂得多，只因当事人一方为享有公权力的行政机关。在我国行政诉讼中，行政争议双方当事人达成合意、终结诉讼的体制机制有调解、和解、协调和解、协调等概念。为使读者更加明确本书所指的行政诉讼调解，有必要区分我国行政诉讼之实务界、理论界所使用的这些概念。

（一）一般意义上"调解"与"和解"之概念区分

一般来讲，和解是指双方当事人之间通过信息沟通和交换，就纠纷事项达成共识，就纠纷的解决作出一致决定的过程和结果。和解主要依赖于双方当事人自行"协商"（negotiation）。调解（mediation）是指纠纷当事人在第三方（调解人）的介入下，通过谈判达成和解、解决纠纷的过程。[1] 和解强调当事人双方的自主性，调解强调第三人的介入。和解强调双方当事人达成一致的结果，调解强调第三人发挥协调作用的过程。故而有学者指出，冲突主体对权益处置及补偿办法的认同产生于第三者的劝导，而非主体自身的自觉行为是区分调解的重要特点。[2]

---

[1]　傅郁林：《"诉前调解"与法院的角色》，载《法律适用》2009 年第 4 期，第 4 页。
[2]　顾培东：《社会冲突与诉讼机制》，法律出版社 2016 年版，第 40 页。

需要明确的是，纠纷的和解不必借助于独立、中立的第三方，即当事人双方自行进行沟通、商谈达成和解，但是也不排斥纠纷当事人以外的第三方作为辅助人参加促成商谈，这个第三方有可能是纠纷一方当事人的亲朋好友或代理人，但是调解中的第三方应当保持中立。如果有辅助人参与当事人和解，暂且不论该辅助人是否独立、中立，此时的和解与调解就存在一定意义上的重合。或许我们可以这样理解，调解是比和解更为正式的纠纷解决方式，可以视为"类法律式"的冲突解决手段，是介于冲突主体自决、和解与法院诉讼的中间形式。① 调解依赖中立第三方对双方当事人之纠纷进行协调，进而促成双方当事人达成和解、解决纠纷。

在民事诉讼中，与国外诉讼上的和解效果相似的制度在我国被称为法院调解，考虑到当事人双方对民事权利均具有处分权，和解与调解的区分意义不甚重要，但亦可从有无辅助人（调解中称调解第三方）以及辅助人（调解第三方）发挥的作用来判断纠纷的解决方式。在行政诉讼中，行政机关不一定具有处分权，因此，和解与调解之区分就显得很必要，因为这既关涉到合法权益之维护，也关系到客观法秩序之维护。

（二）行政诉讼中的调解、和解、协调和解、协调之概念区分

德国、日本存在行政诉讼上的和解制度。我国有长期的历史文化积淀，加之民事诉讼中的调解概念较为成熟，行政诉讼中仍使用"调解"称谓。1989 年《行政诉讼法》规定除赔偿诉讼外，行政案件不适用调解，但法院为规避立法，在司法实践中自创"协调和解"。有学者指出，最高人民法院在行政审判中所大力提倡的行政诉讼协调和解机制与实践，实质

---

① 顾培东：《社会冲突与诉讼机制》，法律出版社 2016 年版，第 37 - 38 页。

是一种调解。①

如果不加"协调"二字,单纯论及行政诉讼中的"和解"或"诉讼上的和解",学界普遍将"调解"与"和解"混同使用。有的学者即使承认"调解"与"和解"存在区别,但在使用中也不作严格区分,例如"所称调解,泛指在法院主持下当事人之间达成的和解"。② 无论是和解、协调,还是协调和解,当它们在法院主导下达成,并作为终结诉讼的理由时,其实质就是调解。③ 我国不少研究行政诉讼调解的成果,代入的是行政诉讼上和解的内容,只是在行文时会说明选择"调解"或"和解"称谓之理由。④ 当然,调解与和解关系密切,谈及调解,必然论及和解,实属正常,但归根结底,在行政诉讼中,调解是调解,和解是和解,二者分属不同的制度,无论二者的联系多么紧密,都应当予以区分。调解与和解之显著区别,主要表现在以下三个方面:

第一,主导者不同。调解是调解人为解决争议实施之协调、斡旋、说理说服等活动,主导者称为调解人,可以是民间组织、行政机关或者法院。诉讼调解的主体是法院。诉讼和解往往没有主导者,是由双方当事人

---

① 沈福俊:《和谐统一的行政诉讼协调和解机制》,载《华东政法大学学报》2007 年第 6 期,第 20 页。

② 朱新力、高春燕:《行政诉讼应该确立调解原则吗?》,载《行政法学研究》2004 年第 4 期,第 76 页。

③ 黄学贤:《行政诉讼调解若干热点问题探讨》,载《法学》2007 年第 11 期,第 44 页。

④ 例如解志勇教授主张遵循立法逻辑,考虑到立法概念成熟、民事诉讼中调解制度内涵稳定及制度运行成熟,有利于强调行政诉讼中行政审判权的参与和监督等因素,于是选择"行政诉讼调解"一词作为构建行政诉讼调解制度的概念基石(参见解志勇:《行政诉讼调解》,中国政法大学出版社 2012 年版,第 23 页)。谭炜杰博士认为不论"和解"还是"调解",其首要价值都应当是自由,我国调解制度中的自愿原则被过于主动的法院职权调解所掩盖,选择"和解"更能体现对当事人自由、自愿的尊重,故其认为选择"和解"更合适(参见谭炜杰:《行政诉讼和解研究》,中国政法大学 2011 年博士论文,第 85 页)。李瑞霞博士与解志勇教授持相似观点,指出如果为了借鉴域外和解制度,而改为"和解"概念,将导致"调解""和解"新的混淆,认为应当尊重我国诉讼法传统,使用成熟立法概念,仍使用"调解"概念(参见李瑞霞:《行政诉讼调解研究》,复旦大学 2016 年博士学位论文,第 27 页)。

在诉讼过程中自主进行的，[①] 与诉讼调解不一样。

第二，性质不同。调解主要表现为过程性活动，是一种工作方法与手段。和解则表示纷争得以解决的状态或者契约，抑或双方互相让步达成协议以终结诉讼程序的法律行为。[②]

第三，能否作为终结诉讼系属之原因。当诉讼之权利保护目的已经达成或不可能达成，而使原先诉讼系属关系消减的，称为诉讼程序终结。撤回诉讼、诉讼上和解、主要争讼事件已了结与法院已为终局判决等属于诉讼程序终结之原因。[③] 调解显然不是撤回诉讼、法院判决、诉讼上和解，那么是否属于此处的"主要争讼事件已了结"一类，不无疑虑。"主要争讼事件已了结"是指诉讼程序将因诉讼标的之不再存在而告终结。"所谓'了结'，包括主要争讼之权利保护目的在诉讼程序上已获满足或不可能再达成，例如因情事或法律变迁，而有利于原告之情况或因行政处分已执行完毕。但只因原告欠缺诉之利益，并不当然使本案终结，即使被迫履行负担之行政处分，亦同。"[④] "主要争讼之权利保护目的在诉讼程序上已获满足或不可能再达成"，属于欠缺权利保护必要性"无实益"之情形。[⑤] 在诉讼调解中，导致原告欠缺权利保护必要性之原因并非调解，而是被告改变行政行为，而且被告改变行政行为能否导致争讼之权利保护目的在诉讼程序上已获满足进而终结诉讼，亦视原告之诉讼请求而定。因此，调解不属于终结诉讼系属之原因。

---

① 日本民事诉讼中，曾出现过法官劝告当事人和解的做法，甚至法官经常分别会见一方当事人，即使和解没有成立也由同一名法官负责作出判决，引起学者的质疑。参见［日］谷口安平：《程序的正义与诉讼》（增补本），王亚新、刘荣军译，中国政法大学出版社2002年版，第96–98页。

② 蔡志方：《行政救济法新论》，元照出版有限公司2007年版，第338–339页。

③ 蔡志方：《行政救济法新论》，元照出版有限公司2007年版，第337页。

④ 蔡志方：《行政救济法新论》，元照出版有限公司2007年版，第341页。

⑤ 梁君瑜：《祛魅与返魅：行政诉讼中权利保护必要性之理论解读及其适用》，载《南大法学》2020年第2期，第131页。

我国行政诉讼立法中，尚无和解制度，实行的是调解制度。依据《行政诉讼法》及 2018 年《最高人民法院关于适用〈中华人民共和国行政诉讼法〉的解释》，我国行政诉讼中的调解是指在人民法院审判人员的主持下，双方当事人就行政争议进行协商，达成协议，解决纠纷的诉讼活动和结案方式。

在大陆法系国家和地区的行政诉讼中，主要是诉讼上和解，行政诉讼上的和解乃双方当事人于行政诉讼系属中，就行政诉讼标的权利义务关系，互相让步达成协议，以终结行政诉讼程序为目的之行为。[①] 2012 年 6 月，德国联邦众议院通过《行政法院法》第 173 条修正案，规定行政诉讼准用民事诉讼法之法官调解制度。该法官调解制度是由不具有案件审判权的法官进行的调解，从调解主体来看类似于诉讼外调解，故而其也与我国现行的行政诉讼调解相去甚远。关于德国的法官调解制度将在本书第三章具体介绍。

此外，我国还有学者专门提出行政诉讼中法院"协调"的概念并列举了适用情形，认为"协调是指法院在审理行政案件的过程中主动适用法律的基本原则和具体规定，在双方当事人之间，以及其他相关各方之间进行的协商、调停、沟通，探索案件处理办法的活动"。[②] 例如当行政机关的管理水平和能力跟不上时代发展，需要法院协调；基于案件事实和证明标准确定的困难，需要法院协调；行政法制不健全，法院审理行政案件遇到难以作出判决的情况，需要法院协调；被告的行政行为合法，但原告确实有困难，需要法院协调等。经过协调的案件，或原告撤诉，或法院依法判决。

---

① 吴庚：《行政争讼法论》，元照出版有限公司 2012 年版，第 291 页。
② 林莉红：《论行政诉讼中的协调——兼评诉讼调解》，载《法学论坛》2010 年第 5 期，第 49 页。

　　另有学者提出"行政协调"概念，是在法院主持下对行政行为合法性进行分析以及兼以情理说服而使当事人双方达成相互认可的结论的过程。不同于调解，行政协调不是行政诉讼的结案方式。①

　　总而言之，行政诉讼调解是我国立法上的概念，行政诉讼上的和解是大陆法系国家或地区诉讼制度上的概念，"协调""行政协调"是我国理论界学者提出的概念。厘清这些概念，有助于进一步研究我国行政诉讼调解制度的真实面貌与未来走向。

本章小结

　　我国民事纠纷法院调解历史悠久，但随着西方国家诉讼当事人主义理念的传入，法院调解与西方国家诉讼上和解的差异逐渐显现，法院调解所具有的浓厚的职权色彩部分消解了当事人双方的自主意愿。我国目前的法院调解处于调审合一的状况，存在法治不发达、发展不完善之表现。法院调解坚持"查清事实、分清是非"之原则，也是处于民事诉讼整体框架之下应当遵循之法理。推动调审分离，促使法院依法审判的纯粹化应当是提升我国民事诉讼制度现代化水平的重要思路之一。

　　我国行政诉讼中的调解源自民事诉讼法院调解，行政诉讼立法对其态度经历了大幅度转变，虽然在原则上仍然明确人民法院审理行政案件不适用调解，但例外之情形已从单纯的"行政赔偿案件"扩展至"行政赔偿、补偿以及行政机关行使法律、法规规定的自由裁量权案件"，变化之大可

---

　　① 邓刚宏、马立群：《对行政诉讼之特质的梳理与反思——以与民事诉讼比较为视角》，载《政治与法律》2011 年第 6 期，第 102 页。

见一斑。

本章介绍民事纠纷法院调解的发展历程、行政诉讼调解制度确立的背景与过程，并对行政诉讼中调解、和解、协调和解、协调等基本概念进行统筹分辨，为下文展示我国行政诉讼调解之真实面目作好铺垫，清楚地观察行政诉讼调解制度之适用实践与确立初衷，以助于思考行政诉讼调解制度的未来走向。

| 第二章 |

我国行政诉讼调解之现状检视

在 2014 年《行政诉讼法》大幅拓展适用调解的行政案件范围之后，人民法院在多大程度上利用调解审结行政案件，行政诉讼调解在实践中运行呈现何种样态，当初立法者对行政诉讼调解制度的确立初衷有无实现，该制度运行效果如何，最近学者对此所作的研究并不多见。拨开迷雾始见真相，这些问题需要通过检视行政诉讼调解制度之实践适用、立法规范现状来获得答案。

第一节 我国行政诉讼调解的实践适用现状

笔者将从宏观数据、中观样本、微观案例三种视角展现行政诉讼调解的实践适用现状。宏观数据来自《中国法律年鉴》与最高人民法院官网公布的《全国法院司法统计公报》数据，中观样本与微观案例均取自威科先行·法律信息库。通过三层视角之观察，笔者发现当年立法者确立的行政诉讼调解制度在适用中并没有完全符合立法者的初衷。囿于理论与实践层面的若干认识误区，立法者与理论界人士在借鉴大陆法系国家行政诉讼上和解制度时发生偏差，加之我国历史悠久之调解理念，导致行政诉讼调解制度部分改变了行政诉讼监督行政、维护客观法秩序之功能。

一、宏观数据观测

龚祥瑞教授的团队曾在 1992 年就 1989 年《行政诉讼法》实施现状与发展方向问题进行实地调研。10 年后，林莉红教授带领团队再次对 1989 年《行政诉讼法》的实施状况开展系统实地调研。有数据表明在 1989 年《行政诉讼法》颁布至 2014 年修订的 25 年间，法官对行政诉讼调解制度的态度发生了根本变化：1992 年 72.9% 的受访法官认为不应修改"不适用调解制度"之规定，[①] 2013 年 72.4% 的受访法官认为应当全面引入调解制度。[②] 然而，与预期相反的是，行政诉讼案件调解适用率并不高（见表2）。让人惊讶的是，自 2015 年起从行政复议机关角度统计的行政应诉案件，其一审案件调解量竟远远超过法院公布的一审行政诉讼案件调解量。通常来讲，行政复议机关应诉案件只占所有行政诉讼案件的一部分，行政应诉案件调解量理应少于行政诉讼案件调解量。虽然 2014 年以后，行政复议机关应诉实行"双被告制"，行政复议机关应诉概率增大，案件调解量亦随之增长，但远远超过法院公布的行政诉讼案件调解量有不合理之处。《行政诉讼法》既已确立行政诉讼调解，2018 年《最高人民法院关于适用〈中华人民共和国行政诉讼法〉的解释》亦完善了该制度相关程序设计，行政诉讼调解对解决行政争议虽具有实际效用，但仍有疑虑未获消除，法官运用诉讼调解解决行政案件时并不得心应手。

---

① 龚祥瑞主编：《法治的理想与现实——〈中华人民共和国行政诉讼法〉实施现状与发展方向调查研究报告》，中国政法大学出版社 1993 年版，第 300 页。
② 林莉红主编：《行政法治的理想与现实——〈行政诉讼法〉实施状况实证研究报告》，北京大学出版社 2014 年版，第 44 页。

表 2　2011—2022 年行政诉讼案件调解情况统计　　　　　　　（件）

年份	一审行政诉讼案件结案量	一审行政诉讼案件调解量	一审行政诉讼案件调解率（%）	行政应诉案件量	一审行政应诉案件调解量
2022	283532	1965	0.69	—	—
2021	298301	2142	0.72	234836	4971
2020	266312	1448	0.54	194833	5043
2019	284362	1142	0.40	204160	3452
2018	251355	965	0.38	194929	3151
2017	229112	1079	0.47	181096	3393
2016	225020	474	0.21	161210	828
2015	198772	278	0.14	141627	940
2014	130964	308	0.24	74288	109
2013	120675	278	0.23	62198	100
2012	128625	275	0.21	65550	224
2011	136361	197	0.14	71468	153

资料来源：第二列与第三列的数据来自全国法院司法统计公报，最高人民法院官网，http：//gongbao. court. gov. cn/ArticleList. html？serial_no = sftj，最后访问日期：2024 年 2 月 18 日。

表注"一审行政诉讼案件调解量"项目在 2011—2016 年的数据都是行政赔偿调解量。2014 年《行政诉讼法》修改，扩展了行政诉讼调解的适用范围，但最高人民法院公布的 2015 年、2016 年两年的调解数据仍局限于行政赔偿，可见疏漏。"一审行政诉讼案件调解率"为笔者计算得出，公式为：一审行政诉讼案件调解量/一审行政诉讼案件结案量×100%。第五列与第六列的数据来自中国知网"大数据研究平台"数据库的历年《中国法律年鉴》，年鉴出台的年份只更新至 2022 年（年鉴中的数据均为上一年度数据，因此数据只更新至 2021 年），中国知网，https：//data. cnki. net/statisticalData/index？ky = %E4% B8% AD% E5% 9B% BD% E6% B3% 95% E5% BE% 8B% E5% B9% B4% E9% 89% B4&IsSubcri be = 0，最后访问日期：2024 年 2 月 18 日。

二、中观样本分析

笔者于威科先行·法律信息库检索了 2015—2019 年的行政调解书。具体操作方案是在威科先行·法律信息库中选择"案例·裁判文书"数据库，依次将"一审审判程序""行政案由/国家赔偿""调解书"以及"2015 年"至"2019 年"的裁判日期设置为过滤条件，分别检索到行政调解书 2015 年 24 份、2016 年 80 份、2017 年 471 份、2018 年 342 份、2019 年 475 份。① 剔除并调整错误归类和重复案例后，共得到有效行政调解书 2015 年 26 份、2016 年 74 份、2017 年 240 份、2018 年 312 份、2019 年 445 份（见表 3）。

表 3　行政调解书样本类别统计　　　　　　　　　　（件）

类别	2019 年	2018 年	2017 年	2016 年	2015 年	合计
行政赔偿案件	58	27	43	16	8	152
行政补偿案件	38	51	72	5	4	170
裁量权案件	12	18	14	6	1	51
调解书未公开案件	313	193	87	42	13	648
其他案件	24	23	24	5	0	76
合计	445	312	240	74	26	1097

注：在行政调解书样本的类别统计中，"其他案件"主要是拒绝给付抚恤金、社会保险待遇案件，也包含一小部分基础设施建设特许经营协议的履行争议案件，单独归类以区别于行政机关因行政征收所造成的损失予以补偿的案件。"调解书未公开"这一类主要是"以调解方式结案"为理由不公开行政调解书，也包括若干"人民法院认为不宜在互联网公布的其他情形"为理由不公开行政调解书的案件。

---

① 行政调解书样本来自威科先行·法律信息库，https：//law.wkinfo.com.cn/，最后检索时间：2020 年 5 月 12 日。

透过行政调解书样本，对以上行政诉讼调解案件进一步分析如下：

第一，行政赔偿、行政补偿以及其他案件表现出有些行政机关存在违法行政的问题，具体表现为拒绝给付赔偿金、补偿金、抚恤金、工伤保险待遇，不履行行政协议等。申言之，对这三种类别的诉讼案件，法院运用调解而非合法性审查与裁判的方式解决行政争议，行政机关则通过与原告达成调解，避开合法性审查的关卡及可能的败诉判决。

第二，行政调解书不公开的比率较大且逐渐攀升。2015—2019 年，行政调解书的不公开率分别为 50%、56.8%、36.3%、61.9%、70.3%，总体观之，行政调解书不公开量占到五成以上。虽然在数据库检索到的行政调解书只是全国行政诉讼调解总量的一部分，但从该部分样本可以发现，法院越来越倾向于不公开行政诉讼案件中的调解事宜。

第三，在裁量权案件的诉讼调解中，行政机关大多通过改变行政行为，与原告达成调解，进而终结诉讼。在笔者此次检索中，行政调解书公开的裁量权调解案件只有 51 件，然而并不意味着只有 51 件裁量权案件进行了调解。在占到五成以上的未公开行政案件中，行政机关行使自由裁量权案件必定有之，具体数量却因"以调解方式结案"为由不得而知。在 51 件裁量权调解案件中，市场监管（包括食品药品、工商行政、质量监督检验检疫）领域内的行政处罚案件调解最为普遍，有 34 件，占比 66.7%。安全生产、劳动和社会保障领域分别有 4 件，环保 3 件，公安、城市综合管理领域各 2 件，税收和林业管理领域各 1 件。争议案件之程序标的有 47 件为行政处罚，占比 92.2%，3 件为行政强制措施，1 件为行政征税。就调解结果来看，既有完全执行行政决定的案件，也有全盘撤销行政决定的案件，大多数案件是被诉行政行为继续存在，但内容已发生改变（见表 4）。

表4 51件裁量权案件调解结果统计

调解结果种类		案件量（件）	占比（%）
原告完全执行行政决定		5	9.8
被告承认违法，撤销行政决定		1	2.0
被告减少罚款数额（45件）	调整幅度不清楚	4	7.8
	罚款降幅在20%以下	2	3.9
	罚款降幅在20%—39.9%	11	21.6
	罚款降幅在40%—59.9%	6	11.8
	罚款降幅在60%—79.9%	14	27.5
	罚款降幅在80%以上	8	15.7

三、微观案例检视

透过这些行政调解书，笔者发现行政诉讼调解对解决土地征收、房屋拆迁补偿、劳动社会保障等关系民众切身利益之行政争议起到不可小觑之作用。下文对于裁量权案件的诉讼调解，适用实践中暴露的诸多问题，拟选取典型案例予以阐释。

（一）行政调解书中关于案件事实的阐述过于简单

行政调解书普遍存在正文过于简单、缺乏案件事实详细阐明的情况。2018年《最高人民法院关于适用〈中华人民共和国行政诉讼法〉的解释》第85条第1款规定，调解书应当写明诉讼请求、案件的事实和调解结果。调解书的内容应当按统一的格式制作，包括标题、正文和落款三部分。"正文包括首部、案件的事实和调解结果、尾部……案件事实，即当事人之间发生争议的事实、原因及双方的责任。"① 根据对样本考查，绝大多数行政调解书在首部均写明诉讼参加人及其基本情况、案件由来、审理经过，调解结果和尾部的内容也基本达到明确、具体、便于履行的要求，但是对于案件事实的阐述过于简单，鲜有具体阐明双方之责任。一般来讲，在陈述双方当事人争议的事实、原因之后，应当阐明人民法院审查认定的事实，即由"经审理查明……"引出。② 在行政调解书样本中，部分法院的调解书中"经审理查明……"是接在正文的首部之后，内容却不是经审查认定的案件事实，只是行政争议发生过程的简单描述及原告一方诉讼请求的简单记载，紧接着便是调解结果。有的行政调解书甚至连行政争议发生过程及原告的诉讼请求都省略。如果面对一份欠缺法院查明的案件事实、直接呈现"调解结果"的行政调解书，那么公众将如何判断诉讼调解是否遵循了合法原则？正所谓应当"以人们看得见的方式实现司法公正"，那么，透明度不足的行政诉讼调解真的能实现解决行政争议、提升司法公信力、维护社会正义的立法初衷吗？

（二）部分行政机关随意改变行政行为

在行政诉讼调解实践中，部分行政机关随意改变行政行为与原告达成调解、终结诉讼。调解是由一个中立公正的第三方对当事人双方之间的纠纷进行调停、斡旋，寻求解决方案的机制。③ 从运作方式来看，被告改变行政行为、作出让步换取原告一方息讼是行政诉讼调解常见方法，其实质是以行政机关处分行政职权来换取诉讼之终结。然而，在行政诉讼调解

---

① 最高人民法院行政审判庭编著：《最高人民法院行政诉讼法司法解释理解与适用（上）》，人民法院出版社2018年版，第405页。
② 刘金华：《行政审判文书改革之我见》，载《行政法学研究》2002年第1期，第62页。
③ 参见林莉红：《论行政诉讼中的协调——兼评诉讼调解》，载《法学论坛》2010年第5期，第44页。

时，凭借"具有裁量权"这一适用条件，行政机关可找出某种理由改变行政行为，倘若有侵犯他人合法权益、社会公共利益和国家利益之行为，则不符合调解之合法原则。

《行政诉讼法》第 60 条第 2 款规定，调解应当遵循自愿、合法原则，不得损害国家利益、社会公共利益和他人合法权益。合法原则是指人民法院和双方当事人的调解活动及其协议内容，必须符合法律规定，按照法律法规规定的程序进行，不得损害国家利益、社会公共利益和他人合法权益。经过梳理，笔者发现，虽然调解书基本记载"符合有关法律规定，本院予以确认"字样，但有一些案件之调解结果存在侵犯他人合法权益、社会公共利益和国家利益的情形，不符合调解之合法原则。①

1. 个别调解结果侵犯他人合法权益

当行政诉讼案件存在明确第三人时，被告与原告达成调解、解决争议，往往以牺牲第三人合法权益为代价。以"桑植县澧源建安公司诉桑植县人社局劳动和社会保障行政管理案"②为例进行剖析。该案中，被告劳动保障监察大队根据第三人侯某平等 220 人的投诉，对原告"澧源建安"作出 220 份行政处理决定，限原告在接到行政处理决定书之日起 5 个工作日内支付 220 名农民工被拖欠的工资，并加付 50% 的工资赔偿。原告不服提起行政诉讼。在诉讼中，法院主持调解，双方达成调解协议。调解结果有三条内容：第一，原告"澧源建安"在两个月内兑付尚欠农民工之工资；否则，自愿承担法律、法规的加处罚款责任。第二，被告劳动保障监察大队自愿承诺在原告按期兑付尚欠的农民工工资后，不再对加处的 50% 工资赔偿申请强制执行。第三，原告自愿撤回起诉，被告同意原告撤

① 由于行政调解书未载明庭审过程，笔者亦未接触案件全部卷宗、未旁听举证质证辩论抑或调解过程，仅从行政调解书披露的信息并结合公开的法律规范进行分析，部分调解结果存在损害国家利益、社会公共利益和他人合法权益的情况。

② 参见湖南省桑植县人民法院（2017）湘 0822 行初 138 号行政调解书。

诉。至于侯某平等 220 人是否参与诉讼调解，调解结果有无征求其意见，调解书并未说明。

《湖南省工资支付监督管理办法》第 41 条规定，用人单位克扣或者无故拖欠劳动者工资的，由劳动保障行政部门责令限期全额支付劳动者应得工资及相当于工资 25% 的赔偿金。该办法是湖南省政府制定的地方政府规章，属于行政规章。依据正常判断，劳动保障行政部门依据《湖南省工资支付监督管理办法》享有的裁量权并非"法律、法规规定的自由裁量权"，而是行政规章规定的裁量权，照此理解，该案件不具备进行诉讼调解的条件。诚然，被诉行政行为超出了该规定的行为幅度，缺乏法律依据。如果法院依法判决，该行政行为可能会被部分撤销，责令重作。但法院没有予以判决，而是选择调解。如果对法律、法规规定的裁量权作扩张解释，允许行政规章赋予行政机关具有裁量权时进行调解，那么行政机关超出行为幅度的行政行为从法理上来说属于违反法律规定。该案调解结果似乎矫枉过正，使案件第三人——220 名农民工根据法律规定本应获得的拖欠工资之赔偿金一并失去。

被告监督用人单位全额兑付农民工工资并给予工资赔偿，是法律明确规定之事项，属于行政机关依法应当履行之权责，属于羁束行为，行政机关没有裁量的空间。如果行政机关未获得第三人同意，便处分该行政职权，属于抛弃职责、违反实体法律规定之表现，侵犯了第三人合法权益。

2. 个别调解结果有损社会公共利益

追求社会公益是行政的一项重要特征。[①] 行政机关代表不确定多数人与行政相对人进行博弈，便是在履行维护社会公益之职责。为解决行政争议，被告与原告达成调解，不确定多数人之利益时若被忽略，则导致社会

---

① 翁岳生：《行政的概念与种类》，见翁岳生：《行政法》（上册），中国法制出版社 2009 年版，第 15 页。

公益被损害。现以"凤阳县安顺汽车修理厂诉凤阳县环保局、凤阳县人民政府环境保护行政管理（环保）案"① 为例进行说明。

在该案行政调解书中，调解结果有两条：第一，被告变更（减少）罚款金额，原告当场履行。第二，原告凤阳县安顺汽车修理厂自愿放弃其他诉讼请求。可是在行政调解书中只提及原告对行政处罚和复议决定不服而提起诉讼，并未清楚阐明其诉讼请求内容。那么调解协议第二条"原告凤阳县安顺汽车修理厂自愿放弃其他诉讼请求"指的是什么呢？而且，被告对原告作出的行政处罚有两项内容：第一项是停止烤漆房的烤漆作业，重新选址搬迁；第二项是罚款决定。行政处罚的两项内容中，第一项关系到附近居民的生存生活环境，属于不确定多数人之环境公共利益，相对第二项罚款内容更具重大性，然而调解结果只是变更了罚款金额，对停止烤漆房的烤漆作业、重新选址搬迁这一内容未置可否。行政机关肩负公共利益之集合、分配、维护之职②，在该案调解中，被告放弃了关系到当地居民生存生活之环境利益的行政行为内容，避重就轻，仅变更罚款金额，对污染环境行为不进行妥善处理，实乃牺牲社会公益换取诉讼案件之终结，有损社会公共利益。而且，避重就轻的调解结果易让人产生疑窦：行政机关最初之行政决定是否切实做到了证据充足？

3. 个别调解结果有损国家利益

所有的国家作用中，绝大部分属于行政，旨在处理公共事务，形成社会生活，从而实现国家目的。③ 归根结底，行政机关代表国家与人民发生管理、诉讼等关系。因此在行政诉讼调解中，行政机关的不当妥协与允诺将损害国家利益。现以"仪征市大通汽车服务中心诉仪征市运输管理所

---

① 参见安徽省凤阳县人民法院（2016）皖 1126 行初 37 号行政调解书。
② 叶必丰：《行政法的人文精神》，北京大学出版社 2005 年版，第 106 – 107 页。
③ 翁岳生：《行政的概念与种类》，见翁岳生：《行政法》（上册），中国法制出版社 2009年版，第 13 页。

行政赔偿案"① 为例进行分析。

　　这是一起经历涉法涉诉信访之后再次进行诉讼审理的案件，目的是解决"仪征市大通汽车服务中心诉仪征市运输管理所行政许可案"② 的遗留问题。2011 年，大通汽车服务中心不服仪征运输管理所将其名下的道路许可证颁予第三人，向法院提起诉讼。一审法院确认被诉行政行为违法，双方均上诉，二审维持原判，原告不断信访、申诉。2017 年大通汽车服务中心提起行政赔偿诉讼。仅从行政赔偿诉讼的调解书无法知晓大通汽车服务中心与仪征运输管理所之间的行政争议细节并判断该调解结果是否合法正当。

　　笔者检索到"仪征市大通汽车服务中心诉仪征市运输管理所行政许可案"行政判决书。根据《江苏省道路运输市场管理条例》第 9 条"用于道路运输经营活动的车辆，应当按照国家有关规定申领道路运输证件，一车一证，随车携带"的规定，仪征运输管理所将原来挂在大通汽车服务中心名下的道路运输许可证颁予拥有出租车所有权的 11 位第三人，但运输管理所在向第三人颁发道路运输许可证时未告知原告听证之权利。一审法院认为被告作出行政行为未遵循正当程序，显属程序违法，依据2000 年《最高人民法院关于执行〈中华人民共和国行政诉讼法〉若干问题的解释》第 58 条情况判决之规定判决确认被告仪征运输管理所颁发道路运输证的行政行为违法。二审法院根据 2000 年《最高人民法院关于执行〈中华人民共和国行政诉讼法〉若干问题的解释》第 58 条情况判决的规定，认为原审法院未责令仪征运输管理所采取相应的补救措施，更没有判决仪征运输管理所承担赔偿责任，属于适用法律错误。欲适用 1989 年《行政诉讼法》第 61 条第 3 款规定发回重审，却又以发回重审将导致案件

---

　　① 江苏省扬州市邗江区人民法院（2017）苏 1003 行初 0012 号行政调解书。
　　② 江苏省扬州市中级人民法院（2013）扬行终字第 0040 号行政判决书。

的审理期限冗长，增加当事人讼累为由，按下不表。最后以原审判决认定
事实清楚，证据确实充分、适用法律正确，予以维持结案。

至此，可以发现，原审法院适用情况判决裁判案件已属不妥。出租车
运营确系属市内交通运输行业，但仪征大通汽车服务中心的利益纯属私人
利益，不属于国家利益或公共利益，11 张交通运输证更谈不上重大损
失。① 二审法院继续适用情况判决审理，却以增加当事人讼累为由，没有
发回重审，维持原判，没有及时纠错，导致后续的信访、申诉、调解、赔
偿，代价更大。在行政诉讼赔偿诉讼的审理过程中，法院本可以纠正已生
效的错误判决②，但依旧主持调解，片面追求解决行政争议，不该赔偿的
情况下给予赔偿，既损害了国家利益，也有损司法权威。

（三）以调解结案为由不公开行政调解书

行政诉讼调解面临被滥用风险的第三大表征在于，法院以调解结案为
由不公开行政调解书。笔者曾于 2019 年 10 月在威科先行·法律信息库进
行过一次同样步骤的行政调解书检索与统计。在那次检索的结果中，
2015—2019 年行政调解书的不公开率平均值为 6.48%。③ 半年之后，笔者
再次进行检索，2015—2019 年的行政调解书挂网数量增加，以"调解方
式结案"为理由不公开行政调解书的数量也增加不少。经过上文表格统
计，在数据库中检索到的行政调解书，有五成以上是以"调解方式结案"

① 金成波：《行政诉讼之情况判决检视》，载《国家检察官学院学报》2015 年第 6 期，第
92 页。
② 邓刚宏：《行政诉判关系研究》，见林莉红等：《行政诉讼法问题专论》，武汉大学出版
社 2010 年版，第 250 页。
③ 2019 年 10 月 7 日检索到 2015—2019 年行政调解书分别为 2015 年 11 份、2016 年 33 份、
2017 年 166 份、2018 年 122 份、2019 年 67 份。其中，未公开的行政调解书有 25 份，2016 年 2
份，2017 年 3 份，2018 年 8 份，2019 年 12 份。2015—2019 年行政调解书不予公开率分别为 0、
6.1%、1.8%、6.6%、17.9%。

为理由不予公开。另有少部分行政调解书以"人民法院认为不宜在互联网公布的其他情形"为理由也不予公开。这些未公开的行政调解书既有赔偿、补偿案件，也有裁量权案件。实践中行政调解书不公开率逐渐攀升，引人担忧行政诉讼调解"是否会变为一个'暗箱'，无法受到有效的外部监督"。①

第二节　我国行政诉讼调解的立法规范现状

立法规范是制度运行之依据。我国行政诉讼调解在实践适用中，存在部分行政调解书对案件事实之阐述过于简单；个别行政机关随意改变行政行为导致调解结果侵犯他人合法权益、社会公共利益和国家利益；少数法院以调解结案为由不公开行政调解书等问题。这些适用上的问题，首先应归因于存在一定逻辑悖论的我国行政诉讼调解制度之立法规范；其次应归因于实务界与理论界对于诉讼调解存在认识上的误区，从而导致立法规范失当。

一、行政诉讼调解立法规范之逻辑悖论

行政诉讼调解适用在实践中暴露出之问题，深层次的原因在于该项制度本身存在一定的逻辑悖论，主要表现在其适用范围。行政诉讼调解的适用范围是框定行政诉讼案件可以适用调解的边界，是行政诉讼调解得以规

_____

① 施立栋：《行政争议调解过程信息的保密性规则之构建》，载《法商研究》2018 年第 4 期，第 138 页。

范运用的重要制度设计。但是，从目前的司法实践来看，该适用范围的划定并不能完全实现行政诉讼调解制度之初衷，该适用范围的划定存在矛盾。

（一）"有限调解"之制度定位与"无限适用"调解范围之矛盾

行政赔偿、补偿以及行政机关行使自由裁量权案件是行政诉讼调解的适用范围。"行政机关行使法律、法规规定的自由裁量权案件"，看似"有限"，实则"无限"。笔者认为，《行政诉讼法》第 60 条"自由裁量权"之概念存在运用下位概念指代上位概念的情形。通常情况下，根据法规范对行政行为拘束程度的不同，行政行为可分为羁束行政和裁量行政。更进一步，根据法规范对裁量行政行为拘束程度的不同，又分为羁束（法规）裁量和自由（便宜）裁量。[1] 有学者指出，"我国现今的行政法，存在裁量与羁束的区分，但基本上不存在羁束裁量与自由裁量的再细化"。[2] 裁量行政几乎遍布各个行政领域。只要遵守法律授权之界限，行政机关在此范围内作出任何决定，都不会被认为是滥用权力。行政机关实际上拥有极大的决定空间，以至于"裁量"在传统行政法学中被称为"自由裁量"。[3] 甚至有学者认为，"裁量并没有给予行政机关自由或任意，'自由裁量'是不存在的，只有'合义务裁量'或'受法律约束的裁量'"。[4] 其实在裁量行政体系内，"自由裁量"（便宜裁量）只是一个非常狭义的概念，羁束裁量（法规裁量）才是行政裁量中的主体，二者共同共构成"行政裁量"之内涵。至于《行政诉讼法》第 60 条的"自由裁量权"究竟是指狭义

① 杨建顺：《行政规制与权利保障》，中国人民大学出版社 2007 年版，第 505 页。
② 王贵松：《行政裁量：羁束与自由的迷思》，载《行政法学研究》2008 年第 4 期，第 50 页。
③ 陈新民：《中国行政法学原理》，中国政法大学出版社 2002 年版，第 152 页。
④ 哈特穆特·毛雷尔：《行政法学总论》，高家伟译，法律出版社 2000 年版，第 129 页。

的自由裁量，还是立法者存在概念误用，欲指代"行政裁量"之整体，从立法解读中使用羁束裁量情形解释"自由裁量权"的举例①可以大概推测出，《行政诉讼法》第60条的"自由裁量权"指的是"行政裁量"之整体。

行政裁量作为行政法的精髓，在行政法各个管理领域广泛存在。一般而言，"法律、法规规定的裁量"属于一定范围内的框架性规定，往往由规章、其他规范性文件予之细化，例如国务院部、委可以按法律、行政法规规定对给予行政处罚的行为、种类和幅度的范围作出具体规定。② 地方各级人民政府在执行国民经济和社会发展计划、预算，进行本行政区域内科教文卫体、环保、城建、公安、财政等行政工作管理时发布的其他规范性文件中或多或少地包含裁量行政的规范。"行政机关行使法律、法规规定的裁量权"必定渗透至法律规范体系的细枝末节，那么"行政机关行使法律、法规规定的自由裁量权的案件"范围实则具有"无限性"。当"有限调解"的制度定位对应于"无限适用"的调解范围时，这一矛盾将会产生。

（二）诉讼调解之适用范围与处分权欠缺之矛盾

基于"公权力并非不可处分，而是不可随意处分"③ 与"行政主体所处分的职权必须是能够自由裁量的职权"④ 这类认识，2014 年《行政诉讼法》大大拓展了适用诉讼调解的行政案件范围。不仅如此，人民法院在司法实践中对行政机关拒绝给付抚恤金、社会保险待遇类型案件，基础设施建设特许经营协议等履行争议案件亦适用了诉讼调解。其实，关于行政诉

---

① 全国人大常委会法制工作委员会行政法室：《中华人民共和国行政诉讼法解读》，中国法制出版社 2014 年版，第 169 页。

② 《行政处罚法》（2017）第 12 条。

③ 刘东亮：《论行政诉讼中的调解——兼与朱新力教授商榷》，载《行政法学研究》2006 年第 2 期，第 79 页。

④ 关保英：《论行政主体的职权处分权》，载《东方法学》2008 年第 1 期，第 130－131 页。

讼案件能否适用调解，最关键的是要看行政机关对诉讼标的是否具有处分权。① 目前的理论、立法规范与司法实践都将行政机关具有裁量权等同于行政机关对诉讼标的具有处分权，这实属误解。因为虽然具有裁量权与具有处分权有很大程度关联，但行政机关具有裁量权并不是具有处分权的充分必要条件。

至于如何判断当事人对于诉讼标的是否具有处分权，"应以当事人是否得就诉讼标的订立行政法之契约为准"。私人一方为其所行使请求权之权利主体，享有公权利，即有处分权。行政机关对诉讼标的之处分权包括形式与实质两方面。形式上之处分权，即行政机关可以缔结契约之方式，行使公权力之权限。实质上之处分权，是指行政机关对相关诉讼标的之事务管辖权及地域管辖权。② 两方面处分权，在行政机关与原告达成诉讼和解时缺一不可。

在我国适用行政诉讼调解的几类案件中，实体法明确规定行政机关可以缔结契约之方式行使公权力的行政管理事务主要是土地征收与房屋补偿、自然资源开发、基础设施和公用事业特许经营。除此之外的行政赔偿、行政机关行使法律、法规规定的自由裁量权案件（样本统计中主要是行政处罚、行政征税与行政强制措施案件）和财产给付案件在实体法上未有明确的可以缔结行政契约方式行使公权力之规定。即便在行政诉讼程序中一直被允许适用调解的行政赔偿案件，行政机关对赔偿事项也是在相对人提出赔偿申请后单方面作出"行政赔偿决定"，以行使公权力。事实上，对该事项，行政机关并不具有处分权。照此推理，行政赔偿，部分补偿，行政机关行使法律、法规规定的自由裁量权案件，加上法院扩张适

---

① 林莉红：《行政诉讼法学》，武汉大学出版社 2015 年版，第 200 页。

② 刘宗德、彭凤至：《行政诉讼制度》，见翁岳生：《行政法》（下），中国法制出版社 2009 年版，第 1527 页。

用诉讼调解的财产给付案件，行政机关均欠缺处分权，不具备适用诉讼调解的条件。

二、行政诉讼调解的认识误区

行政诉讼调解制度在司法实践中暴露的问题，以及立法规范存在的逻辑悖论，主要源于三大认识误区。首先，误以为案件进行调解就可以省略认定与阐明案件事实环节。其次，对行政机关的裁量行为与权力处分行为之关系认识不清，误以为只要具备法律、法规规定的裁量权限，行政机关在调解程序中改变行政行为（实质为处分权力）就具有正当性。最后，误以为行政诉讼调解具有保密性规定，便可不公开行政调解书。

（一）误区之一：认为案件进行调解就可以省略案件事实的认定、阐明

2018 年《最高人民法院关于适用〈中华人民共和国行政诉讼法〉的解释》第 84 条规定："人民法院审理行政诉讼法第 60 条第 1 款规定的行政案件，认为法律关系明确、事实清楚，在征得当事人双方同意后，可以径行调解。"《行政诉讼文书样式（试行）》记载："行政调解书对当事人诉辩意见、审理查明部分应当与裁判文书有所区别，应当本着减小分歧，钝化矛盾，有利于促进调解协议的原则，对争议和法院认定的事实适当简化。"[①] 但是"钝化矛盾""适当简化"究竟"钝化""简化"到何种程度，该文书样式的要求并不明确。于是，司法实践中很容易产生这样的情况：为促成双方当事人调解，有意忽略案件事实的认定，调解书中亦省略

---

① 最高人民法院行政审判庭：《行政诉讼文书样式（试行）》，人民法院出版社 2015 年版，第 46 页。

对案件事实的阐明。

"调解应当根据当事人自愿的原则，在查清事实，分清是非的基础上进行。"[①] "查清事实、分清是非" 是进行行政诉讼调解的基础之一。调解活动之前，法院应当查清案件事实，若最后双方当事人达成调解，行政调解书应当对案件事实进行阐明，不能以调解为由，忽略对案件事实的认定与阐述。

（二）误区之二：裁量行为与权力处分行为之关系认识不清

2014 年《行政诉讼法》确立有限的行政诉讼调解制度，其中最受瞩目之处在于允许自由裁量权案件适用调解。2014 年之前，基于 "公权力不可处分" 之观点[②]，除了赔偿案件，行政诉讼不能调解。对此，有相反观点认为 "公权力并非不可处分，而是不可随意处分"，[③] 也有观点认为行政职权可以处分，要求 "必须把行政主体的职权处分权限定在一定范围之内，不允许行政主体无原则地处分职权"，例如，"行政主体所处分的职权必须是能够自由裁量的职权"[④]。于是行政机关具有 "行政自由裁量权"，被视为行政诉讼案件可以适用调解的充足理由。

不可否认，行政机关的确拥有广泛的裁量权，裁量是行政权的精髓。在发展日益迅猛的社会，执行法律的行政机关若缺乏行政裁量权限，将无法达成公共行政之目的，亦无法完成服务社会之任务。但以上观点混淆了行政机关对权力的处分与对事实案件之裁量。虽然行政机关

---

① 最高人民法院行政审判庭：《行政诉讼文书样式（试行）》，人民法院出版社 2015 年版，第 46 页。

② 应松年：《依法行政论纲》，载《中国法学》1997 年第 1 期，第 32 页。

③ 刘东亮：《论行政诉讼中的调解——兼与朱新力教授商榷》，载《行政法学研究》2006 年第 2 期，第 79 页。

④ 关保英：《论行政主体的职权处分权》，载《东方法学》2008 年第 1 期，第 130 – 131 页。

的裁量权与处分权有很大程度上的相似性与关联性，但实际上，这二者没有直接的、必然的联系。行政机关具有裁量权并不是处分权力的充分必要条件。

1. 裁量行政与处分权力之内涵不同

从各自内涵而言，二者是完全不同的两种行为。行政机关的裁量是对某一纠纷事实是否采取法定措施以及采取何种法定措施的行为。当法律没有为同一事实要件只设定一种法律后果时（如羁束行政），而是授权行政机关自行确定法律后果时，就构成裁量。行政机关的裁量包括决定裁量与选择裁量。前者指行政机关决定是否采取某项法定措施；后者指在各种不同的法定措施中，行政机关根据案件的具体情况选择哪一个。① 相比之下，"处分"的含义较为复杂。

一般来讲，"处分"具有处理、处置、作出决定、处罚、惩罚等多种含义，其具体含义需要在明确处分对象并结合上下文语境的基础之上确定。如果是对某人作出处分，一般指的是作出处罚、惩罚决定。对某物进行处分，表示一种具体的处理与处置，通常能够产生一定的法律效果。在民事法律意义上，"处分"往往是指主体对某项财产、事物或权能的最终处置，是所有权的核心内容与最基本权能。例如，"我有处分属于我财产的权利"，这句话意味着：我有法律上的力量出卖我的财产或把它赠与我愿意的人。② 另外，我们在理论中经常使用的"处分原则"或"处分权主义"，是民事诉讼法上约定俗成的概念，是指认可原告具有以下两项权能的原则：原告享有可以要求审判、特定并限定审判对象的权能和可以按照自己的意思不经判决终结诉讼的权能。③

---

① 哈特穆特·毛雷尔：《行政法学总论》，高家伟译，法律出版社 2000 年版，第 124 – 125 页。

② 张文显主编：《法理学》，法律出版社 2007 年版，第 161 页。

③ 新堂幸司：《新民事诉讼法》，林剑锋译，法律出版社 2008 年版，第 229 页。

一言以蔽之，"处分"某物是指主体放弃某事物或将某事物进行交易。由此可推出，行政机关处分公权力便是指放弃行使公权力或以签订契约的形式行使公权力——就公权力的行使与相对人达成交易的行为。

2. 二者的联系与区别

通过以上分析，可以发现行政机关的裁量行为与处分行为都与公权力有关，但前者是运用公权力对纠纷案件作出处理的行为，后者是指对公权力本身作出处理的行为。然而"公权力"并非行政机关的某项财产，而是行政机关的一项职权，亦是一项职责。"权力"一般是指"国家权力"或"公权力"，由宪法进行规定。它是一种支配力，是维护统治秩序与社会公共秩序的强大武器①，体现为一种组织性的支配力，是制定法律、维持法律与运用法律之力量。② 宪法对公权力进行规定具有双重意蕴：一是授权并肯定某组织其权力；二是表明其权力的边界，③ 即通常所言之"法无明文规定即禁止"。行政机关在执法过程中如何裁量，能否放弃行使公权力或就公权力的行使与相对人达成交易，还得依据法律之明确规定。因此行政机关运用公权力的裁量行为与对公权力的处分行为，都应当遵循法律规定进行意思表示，只是该意思表示的内容与方式不同。

第一，意思表示的内容不同。行政机关的裁量是根据法律规定对某一纠纷事实作出是否采取法定措施以及采取何种法定措施的行为，其意思表示内容是行使行政权、进行取证衡量后作出一定的行政行为。但行政机关处分公权力是指放弃行使公权力，或者就公权力的行使与相对人达成交易，其意思表示内容是放弃行使行政权，舍弃作出行政行为或者与相对人

---

① 汪习根、周刚志：《论法治社会权力与权利关系的理性定位》，载《政治与法律》2003年第1期，第17页。

② 谢瑞智：《宪法辞典》，台北文笙书局1979年版，第61页。

③ 韩大元、林来梵、郑贤君：《宪法学专题研究》，中国人民大学出版社2008年版，第476页。

达成交易。可见，二者之意思表示内容明显不同。例如，在治安管理处罚中，行政机关根据治安纠纷发生之实际情况，经过取证衡量，对行为人作出不予处罚的行政决定，同行政机关放弃行使治安管理处罚权，放弃治安处罚，而与行为人达成交易的行为有天壤之别。行政机关进行裁量之后作出行政行为，即使该行政行为的内容表现为不予处罚，也与行政机关处分公权力"放弃行使行政权"是不一样的内容。

第二，意思表示所呈现的方式不同。裁量行为是行政机关运用行政职权对案件纠纷进行取证衡量判断的结果，通常以单方行政决定呈现。对权力的处分行为是行政机关对权力运作之处理，通常以与相对人签订行政契约之方式呈现。

此外，当处于羁束行政，行政机关若具有形成自由（类似民法上的形成权）时，也可以处分权力，与当事人达成和解，而不是必须具备裁量权限。例如在请求退税案件中，是否应当退税，征税机关受税收法定主义原则之限制，于法律无明文规定时，不得自由处分。这对行政机关而言本属羁束行政，但对羁束行政操作之对象——征税相对人而言是可处分的，于是行政机关具有形成自由。放弃退税虽系侵害人们之财产权，但人们可以自由处分其财产权，当人们自愿处分其财产权时，行政机关可以与当事人达成和解。

从以上分析中，可以看出，并非当行政机关只有具备裁量权限时才可以处分权力，若行政机关具备形成自由，仍然可以与相对人达成和解，产生被动处分权力的客观事实。行政机关具备裁量权不是行政机关处分公权力的必备前提条件，从行政机关处分公权力的客观结果亦不能反推出行政机关具备裁量权之条件。如此可以总结出，行政机关具备裁量权不是行政机关处分公权力的充分必要条件。实体法上行政机关之裁量权，并非对于诉讼标的之处分权。行政机关可为裁量，并非意味着可以进行诉讼上和解，不得以羁束行政与裁量行政作为可否进行诉讼上和解之区别标准。行政机关对于诉讼标的之处分权仍得依据法律之具体规定：是否具有地域管辖权与事务管辖权，是否可以缔结契约之方式行使公权力。行政机关对诉讼标的是否具有处分权决定了其是否可以进行诉讼上和解，行政机关裁量之范围决定了其和解之范围。

因此，行政机关具有裁量权不等于在调解中可以处分行政职权。在行政诉讼调解程序中，行政机关改变行政行为，与原告达成调解、终结诉讼，也不意味着调解就是合法正当。那种认为行政机关具有裁量权就可以随意处分权力的观念并不正确。

（三）误区之三：认为因调解的保密性规定可不公开行政调解书

2018 年《最高人民法院关于适用〈中华人民共和国行政诉讼法〉的解释》第 86 条规定调解活动具有保密性，调解过程与调解协议内容原则上不公开。当事人同意公开调解过程的，可公开调解过程；为保护国家利益、社会公共利益、他人合法权益，人民法院认为确有必要公开调解协议内容的，可以公开调解协议内容。调解达成协议，人民法院应当制作调解书。调解书是由法院制作的、记载当事人达成调解协议内容的法律文书。由于行政调解书以调解协议的内容为基础，调解书的内容必须明确、具体且具备可执行性。又由于行政诉讼调解具有保密性规定，于是司法实践容易出现以"调解方式结案"为理由，不公开行政调解书的现象。

2018 年《最高人民法院关于适用〈中华人民共和国行政诉讼法〉的解释》第 86 条关于调解保密性的规定参照了我国 2015 年《最高人民法院关于适用〈中华人民共和国民事诉讼法〉的解释》（以下简称《2015 民诉法解释》）第 146 条的规定。一般来讲，民事案件属于平等民事主体之间财产关系与人身关系之争议，其调解具有私密性实属正常，但行政诉讼通常与公益有密切联系，具有监督行政、行政适法性之控制、客观法秩序维护之功能，不同于民事诉讼。即使行政诉讼调解制度参照了民事案件的调解规则，也只能说明调解过程与调解协议具有一定程度保密性，并不意味着行政调解书均可以"调解方式结案"为理由不公开。误以为行政诉讼调解制度具有保密性规定，便以"调解方式结案"为理由不公开行政调解书，实乃忽略行政诉讼具有客观法秩序维护功能之表现，与确立"有限的"行政诉讼调解初衷不符。

三、行政诉讼调解中的不当行为

由于立法规范本身存在一定的逻辑悖论，行政诉讼调解中存在一些不当行为——行政调解制度被个别人演变为侵犯他人合法权益、损害社会公共利益与国家利益之"武器"。不可否认，行政诉讼调解在消弭冲突、解决土地征收与房屋拆迁补偿、抚恤金、社会保险待遇给付、行政协议履行等领域之纠纷作用显著，但是曾经"行政诉讼是否可以调解"的争议并未随着"有限的"行政诉讼调解制度的确立而停止。在 51 件行政机关行使法律、法规规定的自由裁量权案件样本中，有 45 件案件是行政机关通过改变行政行为与原告达成调解进而终结诉讼。这种操作方式缺乏理论与实体法规范支撑，是否触犯了某些诉讼关系人的利益需要甄别，且于法理上而言，该行为在一定程度上违背具体行政行为之确定力原理和"先取证后裁决"之行政程序原则等行政法治原理。

（一）违背具体行政行为之确定力原理

具体行政行为的确定力是指"已生效具体行政行为对行政主体和行

政相对人所具有的不受任意改变的法律效力"①。这里的"改变"既包括撤销、重作，也包括废止和变更。② 确定力来源于法律安定性原则和诚信原则，包括形式确定力和实质确定力。其中，实质确定力即"一事不再理"，是指行政主体不得任意改变自己所作的具体行政行为，否则应承担相应的法律责任。具体行政行为一经作出，即代表行政主体向行政相对人所作的设定、变更或消灭权利义务的承诺，行政主体有义务信守和兑现此种承诺，否则会危及行政相对人对承诺的信任，不利于社会秩序的恢复和稳定。

实质确定力的"不得任意改变"并非不得改变，只是改变具体行政行为应当遵循法定程序。在有实定法明文规定时，对合法的具体行政行为也可予以改变，但必须以补偿或赔偿为条件。③ 叶必丰教授总结了三种可以改变具体行政行为的情况：第一，法律规范明文规定可予以改变的，如吊销、暂扣证照、撤销或撤回具体行政行为；第二，具体行政行为自身规定的改变，主要是指附款行政行为；第三，法律或客观情况发生重大变化的。④《行政许可法》第8条第2款即是基于法律或客观情况发生重大变化允许改变行政行为之立法规定。改变具体行政行为不是基于"有错必纠"的一般原则，不能仅以《行政诉讼法》有关撤诉的规定为依据⑤，而必须有实定法上的明文规定，如《行政许可法》第8条、第69条，《行

---

① 姜明安：《行政法与行政诉讼法》，北京大学出版社、高等教育出版社2011年版，第206页。

② 叶必丰：《行政行为原理》，商务印书馆2014年版，第284页。

③ 姜明安：《行政法与行政诉讼法》，北京大学出版社、高等教育出版社2011年版，第207页。

④ 叶必丰：《行政行为原理》，商务印书馆2014年版，第286页。

⑤ 姜明安：《行政法与行政诉讼法》，北京大学出版社、高等教育出版社2011年版，第207页。

政处罚法》（2017）第55条，《行政强制法》第61条。实定法允许改变具体行政行为的情形应当符合行政行为的违法性、法律后果消极性的特征。那些被要求改变的具体行政行为大多具有滥用职权、玩忽职守、缺乏法律依据、违反法定程序的情形。除《行政许可法》第69条规定可由作出行政许可决定的行政机关或者其上级行政机关予以改变之外，《行政处罚法》（2017）第55条、《行政强制法》第61条均规定由"上级行政机关或者有关部门责令改正"，而且应当给予相对人补偿或赔偿，或者是对直接负责的主管人员和其他直接责任人员依法给予行政处分。德国行政法理论亦主张行政机关可以随时撤销违法的负担性行政行为①，不过，该行政行为应属违法是撤销的前提之一。

在法律救济程序中，有权机关改变行政行为应基于法定程序与法定理由。例如《行政复议法》（2023）第64条②，《行政诉讼法》第70条③，分别规定复议机关与法院应当基于法定程序与理由撤销、变更或确认行政行为违法等。

实践中，行政机关通过改变行政行为，与原告达成调解以解决纠纷。行政机关改变行政行为的原因主要是法院主持调解，也有其他原因，但均非实定法规定改变行政行为之法定理由（见表5）。

---

① 汉斯·J.沃尔夫等：《行政法》（第二卷），高家伟译，商务印书馆2002年版，第115页。

② 《行政复议法》（2023）第64条第1款规定：行政行为有下列情形之一的，行政复议机关决定撤销或者部分撤销该行政行为，并可以责令被申请人在一定期限内重新作出行政行为：（一）主要事实不清，证据不足；（二）违反法定程序；（三）适用的依据不合法；（四）超越或者滥用职权。

③ 《行政诉讼法》第70条规定：行政行为有下列情形之一的，人民法院判决撤销或者部分撤销，并可以判决被告重新作出行政行为：（一）主要证据不足的；（二）适用法律、法规错误的；（三）违反法定程序的；（四）超越职权的；（五）滥用职权的；（六）明显不当的。

表5　45件行政机关改变行政行为内容案件的原因统计

原因类别		案件量（件）
共性原因	法院主持调解	45
其他原因	原告经营困难、原告认识到错误、主动上交涉案财物、原告辩解违法行为事实情节较轻	11

2014年以前，行政诉讼调解被基本禁止时，被告改变行政行为、原告撤诉以终结诉讼是实践中经常之操作。2014年《行政诉讼法》修改以后，行政诉讼调解在原则上依然被禁止，但在三类案件中被允许适用。尤其是在自由裁量权案件中，行政机关改变行政行为，与原告达成调解成为理想途径。以原告撤诉为例，既然改变行政行为必须有实定法之明文规定，不能仅以《行政诉讼法》有关撤诉的规定为依据，那么当下仅依据《行政诉讼法》有关调解的规定而改变行政行为，则同样无法成立。笔者并非反对行政行为的"纠错"，诚如陈新民教授所言"'有错必改'，随时撤销一个违法的行政行为，想法固然无可厚非，但只是强调行政道德主义，未免不符合法治国家所追求的法律安定性与信赖保障原则……对于撤销权，可以分时间及行为种类的不同，定下若干限制"。[①]

（二）违反"先取证后裁决"之行政程序原则

"先取证后裁决"的行政程序原则要求行政机关先进行证据的调查和收集工作，待具备充分的事实与法律依据后才能作出行政行为，不能主观臆断，凭空想象。[②]

在调解书样本中，有超过40%的裁量权案件罚款降幅高于60%（见表4），其中，有2件案件明确提到《行政处罚法》（2017）第27条第1

---

① 陈新民：《中国行政法学原理》，中国政法大学出版社2002年版，第169页。
② 林莉红：《行政诉讼法学》，武汉大学出版社2015年版，第122页。

款第 1 项的法定减轻情节①，"清远市清新区景源投资置业有限公司诉清远市清新区城市管理综合执法一案"② 中法院建议行政机关适用该法定减轻情节，"李某娟诉安阳县市场监督管理局质量监督检验检疫行政管理一案"③ 中原告辩解自己符合该法定减轻情节，结果行政机关均采纳并降低了罚款金额。在"南京幸福之家装饰工程有限公司诉南京浦口区人社局劳动和社会保障行政处罚案"④ 中，原告认识到自己的错误，申请调解，被告遂同意调解并降低罚款数额，降幅达 65%。在"湖北盛世华沣陶瓷有限公司诉荆门市工商行政管理局、东宝工商分局工商行政处罚案"⑤ 中，原告申辩公司经营不景气、资金困难，认为被诉行政行为合法但不合理，申请调解，被告同意调解并改变行政行为，减少罚款数额，降幅达67%。在诉讼调解程序中，行政机关以原告经营困难⑥、原告认识到错误⑦、主动上交涉案财物、认错态度较好⑧、原告辩解违法行为事实情节较轻等理由改变被诉行政行为，实则表明行政机关在作出行政行为之初并未综合考量原告的违法事实、经营状况、陈述理由等事项进而作出行政决定，实乃违反"先取证后裁决"之行政程序原则。

综上所述，在行政行为生效后，行政机关如果不依据实体法规定之理

---

① 《行政处罚法》（2017）第 27 条规定："当事人有下列情形之一的，应当依法从轻或者减轻行政处罚：（一）主动消除或者减轻违法行为危害后果的；（二）受他人胁迫有违法行为的；（三）配合行政机关查处违法行为有立功表现的；（四）其他依法从轻或者减轻行政处罚的。违法行为轻微并及时纠正，没有造成危害后果的，不予行政处罚。"

② 广东省清远市清新区人民法院（原广东省清新县人民法院）（2018）粤 1803 行初第 15 号行政调解书。

③ 河南省安阳县人民法院（2019）豫 0522 行初 149 号行政调解书。

④ 南京铁路运输法院（2016）苏 8602 行初第 1053 号行政调解书。

⑤ 湖北省荆门市东宝区人民法院（2015）鄂东宝行初字第 47 号行政调解书。

⑥ 江苏省淮安市淮阴区人民法院（2018）苏 0804 行初 64 号行政调解书。

⑦ 安徽省望江县人民法院（2017）皖 0827 行初 24 号行政调解书、河南省安阳人民法院（2017）豫 0522 行初 10 号行政调解书、湖南省永州市冷水滩区人民法院（2018）湘 1103 行初 68 号行政调解书。

⑧ 山东省泰安市岱岳区人民法院（2017）鲁 0911 行初 2 号行政调解书。

由而仅依据《行政诉讼法》关于调解之规定改变行政行为内容，一则违背具体行政行为之确定力原理，二则违反"先取证后裁决"之行政程序原则，存在利用调解活动掩盖行政行为违法事实，或者刻意突破现有的法律规范只为解决冲突之可能。① 如此情形下，诉讼调解则有可能成为行政机关逃避司法审查的"借口"。

第三节　我国行政诉讼调解的运作方式

笔者在整理 2015—2020 年行政调解书样本的过程中，发现法院在实践中适用诉讼调解的案件除了《行政诉讼法》第 60 条明确规定的三类案件，还包括行政机关拒绝给付抚恤金、社会保险待遇案件和基础设施建设特许经营协议的履行争议案件（见表 3：行政调解书样本类别统计）。如被诉行政行为存在违法性，被告往往选择改变行政行为以满足原告期待，进而法院以调解结案，而非作出撤销判决、确认违法判决、履行判决或是变更判决。此外，也存在少量的行政行为合法的行政案件，结果是原告执行该行政决定，不过法院也是以调解而非驳回诉讼请求判决的方式结案。

一、被诉行政案件存在违法性时之调解运作：被告改变行政行为

对于那些存在合法性问题的行政案件，法院主持调解后，被告往往改

---

① 罗杰·科特威尔：《法律社会学导论》，潘大松、刘丽君等译，华夏出版社 1989 年版，第 239 页。

变行政行为，但具体表现并不完全一样，不过方式比较固定，显得有迹可循。改变行政行为的方式大致可以分为三种情形，主要表现为在法院的提醒与督促下，行政机关履行法定职责，撤销行政行为、减少罚款数额（主要为行政处罚案件）。

（一）运作方式之一：被告履行法定职责

根据判决内容之种类或原告之目的，行政诉讼可分为形成诉讼、给付诉讼及确认诉讼。其中，给付诉讼是以命令被告给付为目的之诉讼，包括请求为一定行政行为的课予义务诉讼和请求为行政行为以外职务上之作为或不作为等公法上请求权之主张的一般给付诉讼。[①] 一般给付诉讼也称狭义给付诉讼，通常是指财产的给付或非公权力行为的非财产性给付。[②] 行政赔偿、补偿案件系因行政机关实施行政行为导致相对人合法权益受损，请求法院命令行政机关作出赔偿或补偿之案件，属于一般给付诉讼。请求行政机关支付抚恤金、社会保险待遇的案件乃行政相对人基于某一行为或某种特殊的法律地位（身份）而拥有公法上的给付请求权，这类案件亦属于一般给付诉讼。[③] 基础设施建设特许经营协议的履行争议案件比较复杂，可能涉及请求法院命令行政机关作出一定行政行为，亦可能是为一定财产性给付，不管是哪一种，均属于给付诉讼。

对此，笔者将行政赔偿、补偿、请求行政机关支付抚恤金、社会保险待遇以及基础设施建设特许经营协议的履行争议案件划归为给付诉讼一类。解决这类行政案件最直接、最快捷之方式在于查清案件事实之后，督促被告尽快履行法定职责或法定义务。于是，在司法实践中，运用诉讼调

---

① 徐瑞晃：《行政诉讼法》，元照出版有限公司 2015 年版，第 53 页。
② 马怀德：《行政诉讼原理》，法律出版社 2009 年版，第 126 页。
③ 马怀德：《行政诉讼原理》，法律出版社 2009 年版，第 129 页。

解解决此类行政争议之运作方式主要表现为被告履行或承诺履行法定职责或法定义务。在这类案件中，被告履行法定职责或者履行相应给付义务，以满足原告诉求，双方达成合意进而终结诉讼。在已公开的行政调解书样本中，这类案件比例高达 88.64%。①

此外，在此类案件中，尤其是在行政赔偿案件的调解结果中，往往包含要求原告放弃其他诉讼请求、息诉罢访或者不再主张权利的约定。例如，在"黄某某不服长沙市公安局看守所在押人员信息登记"一案中②，调解协议第二项内容是"长沙市公安局已经更正了黄某某为在押人员的错误登记信息，黄某某对此确认无异议，并且不再向长沙市公安局主张任何权利"；在"慈利县红发木业有限公司与慈利县阳和土家族乡人民政府行政赔偿"一案③中，被告慈利县阳和土家族乡人民政府支付原告 20 万元补偿款，同时原告放弃其他请求，自愿息访罢诉，不再向被告慈利县阳和土家族乡人民政府主张任何权利；在"戈某与三亚市公安局交通警察支队行政赔偿"一案④中，三亚市公安局同意支付原告医疗费，同时原告不再就该案事宜向被告主张任何其他权利，等等。

（二）运作方式之二：被告撤销行政行为

形成诉讼以形成法律关系为目的，可形成、变更或消减法律关系。撤销诉讼是典型的形成诉讼，其目的在于撤销或变更行政行为。⑤ 人民法院审理行政案件，主要审查行政行为之合法性，一般不审查适当性问题，但

---

① 此数据根据表 1 所载数据计算得出：（152 + 170 + 76）/（1097 − 648）× 100% = 88.64%。

② 湖南省长沙市芙蓉区人民法院（2018）湘 0102 行初 38 号行政赔偿调解书。

③ 湖南省慈利县人民法院（2018）湘 0821 行赔初 2 号行政赔偿调解书。

④ 海南省三亚市城郊人民法院（2019）琼 0271 行赔初 16 号行政赔偿调解书。

⑤ 徐瑞晃：《行政诉讼法》，元照出版有限公司 2015 年版，第 56 页。

存在例外。① 例如《行政诉讼法》第 70 条规定的行政行为明显不当时的撤销判决、第 77 条规定的变更判决。② 这两处规定体现了人民法院对行政行为合理性问题之审查，亦是司法权对行政机关裁量权之监督。由此，在行政诉讼中，行政机关行使法律、法规规定的裁量权案件属于形成诉讼。当被诉行政行为存在主要证据不足；适用法律、法规错误；违反法定程序；超越职权；滥用职权；明显不当之情形时，人民法院判决撤销或者部分撤销，并可以判决被告重作行政行为。

《行政诉讼法》第 60 条规定行政机关行使法律、法规规定的裁量权案件可以调解，据此项规定，对于此类案件，人民法院除了依法裁判，还可进行调解。当法院对被诉行政行为进行了合法性审查，法院主持调解，双方达成协议后，被告撤销行政行为，法院结案应说明理由，或作出撤销判决或是变更判决，而有些法院是以行政调解书终结诉讼。如"勾某诉辽宁省葫芦岛市公安局交警支队行政处罚"③ 一案就是如此。被告认为原告在禁止左转处转弯掉头违法，对其罚款 150 元，原告不服，故提起诉讼。诉讼中，锦州市公安交警支队出具证明证实原告该次违章属于信息录入错误。后法院主持调解，被告撤销处罚决定，退还罚款，被告葫芦岛市公安交警支队承担案件受理费。在行政调解书中为何锦州市公安交警支队出具证明后，经过法院主持调解，葫芦岛市公安交警支队自愿撤销处罚决定，调解书中并未详细阐明。

（三）运作方式之三：被告减少处罚数额

人民法院利用诉讼调解处理违法行政案件，被告改变行政行为的第三

---

① 林莉红：《行政诉讼法》，武汉大学出版社 2020 年版，第 51 页。
② 《行政诉讼法》第 70 条第 1 款第 6 项规定：行政行为明显不当时，人民法院判决撤销或部分撤销，并可以判决被告重新作出行政行为。第 77 条规定：行政处罚明显不当，或者其他行政行为涉及对款额的确定、认定确有错误的，人民法院可以判决变更。
③ 参见辽宁省兴城市人民法院（2017）辽 1481 行初 1 号行政调解书。

种方式是减少行政处罚之罚款数额，以满足原告诉求，双方达成协议进而终结诉讼（见表4：51件裁量权案件调解结果统计）。被告以降低行政行为之罚款数额为条件，换取诉讼终结的调解案件比例约占九成。其中，罚款降幅在60%以上的裁量权调解案件比例超过40%。虽然行政行为罚款降幅之大小并不能证明行政行为是否的确明显不当或者其涉及款额的认定是否确有错误，两者毕竟要结合个案之事实情节与相关法律规范进行逐一判断，但至少可以说明行政机关在行使裁量权方面存在瑕疵。试举一例予以分析：

2019年4月，河南安阳县食药监管局对安阳县某生活超市进行监督检查，发现其经营过期食品——5瓶超过保质期的老干妈风味豆豉，认为其违法行为轻微，涉嫌违反《食品安全法》第34条第1款第10项关于禁止生产经营标注虚假生产日期、保质期或超过保质期食品的规定，依据《食品安全法》第124条①之规定，对该生活超市作出罚款人民币陆万元整（60000元）、没收过期产品的行政处罚决定。该案在审理过程中，经法院主持调解，双方当事人自愿达成如下协议：（1）安阳县食药监管局作出的（安县）食药监食罚〔2018〕133号行政处罚决定，事实清楚，证据确实充分，适用法律、法规正确，符合法定程序，原告李某娟对此予以认可。（2）考虑到原告李某娟认识到自己的错误、主动消除并减轻危害后果，且经营困难，被告同意依据《行政处罚法》（2017）第27条第1款第1项，可以从轻或减轻处罚的规定，对原告李某娟的罚款由原来的6万元变更为3万元。原告李某娟应在2019年11月22日前全部缴清，逾期未缴纳完毕，被告有权继续按照6万元对原告李某娟执行处罚。

---

① 《食品安全法》（2018）第124条规定："生产经营标注虚假生产日期、保质期或者超过保质期的食品、食品添加剂的，由县级以上人民政府食品安全监督管理部门没收违法所得和违法生产经营的食品、食品添加剂，并可以没收用于违法生产经营的工具、设备、原料等物品；违法生产经营的食品添加剂货值金额不足一万元的，并处五万元以上十万元以下罚款。"

（3）其他双方互不追究。（4）案件受理费50元，由原告李某娟负担。①

在该案调解中，被告考虑到"原告认识到自己的错误、主动消除并减轻危害后果，且经营困难，同意依据《行政处罚法》第27条第1款第1项的规定，可以减轻处罚"，遂减少50%罚款数额，原告缴纳罚款，双方终结诉讼。《行政处罚法》（2017）第27条规定的从轻减轻情节属于法律规定的裁量情节。由于行政调解书并未载明法院查明之案件事实，可对"李某娟案"是否具有从轻减轻情节作真、假两种假设，并从而大致了解诉讼调解在解决争议中发挥之作用。

第一，假设原告的确具有此项从轻减轻情节，但案情显示，行政机关在作出行政处罚决定时，没有考虑该项应当考虑的因素。行政机关依法具有裁量权限，因故意或过失而消极不行使裁量权，将导致行政处理结果明显不当。② 按照法律规定，行政处罚决定应当被判决撤销，该案却通过诉讼调解，用处罚决定作出之前未曾采用的证据，改变行政处罚内容，与原告达成一致最终结案。此种假设之下将出现两方面后果：一方面，行政机关以事后获取之证据作为确定行政行为内容的依据，违反"先取证后裁决"之行政程序原则；另一方面，行政机关成功避开败诉判决，行政权未受到有效监督。

第二，假设实际上原告不具有此项从轻减轻情节，在诉讼调解中被告为何又要创造"原告认识到自己的错误、主动消除并减轻危害后果，且经营困难"之情节，进而同意适用《行政处罚法》（2017）第27条第1款第1项的规定，在调解结果中却又使用"可以减轻处罚"字眼？要知道《行政处罚法》（2017）第27条第1款第1项的规定属于应当裁量情节。另外"经营困难"并不是从轻减轻处罚的法定情节，只是在当事人

---

① 河南省安阳县人民法院（2019）豫0522行初149号行政调解书。
② 何海波：《论行政行为"明显不当"》，载《法学研究》2016年第3期，第80页。

申请和行政机关批准后，可以暂缓或者分期缴纳罚款。对于此项疑问，可能的解释是，被告事后意识到处罚决定的确过重，基于其自身利益考量，避免败诉，从而"创造"条件达成调解以终结诉讼。

《行政诉讼法》（2014）第 62 条①提到"被告改变其所作的行政行为"，2017 年修正该法后，该条予以保留。对于撤诉规定中"被告改变其所作的行政行为"如何认定，2008 年最高人民法院《关于行政诉讼撤诉若干问题的规定》作了详细解释。② 对于被告改变行政行为，原告同意并申请撤诉的，是否准许，由人民法院裁定。立法如此规定，一是为避免原告撤诉过于随意，防止浪费司法资源；二是防止被告以欺骗、胁迫等非法手段使原告撤诉；三是监督被告依法行使职权。③ 针对行政诉讼实践中突出的原告非正常撤诉之问题，立法既希望法院尊重原告处分诉讼权利之自由，又希望其考虑原告撤诉是否属于真实意思表示，同时还要注意对行政机关损害第三人合法权益、社会公共利益和国家利益的违法行政行为进行必要之监督。④ 由此观之，法院着实肩负重责，也面临如何为之的问题。其实在诉讼系属⑤中，被告愿意改变行政行为，无论表现为撤销原行政行

---

① 《行政诉讼法》第 62 条规定："人民法院对行政案件宣告判决或者裁定前，原告申请撤诉的，或者被告改变其所作的行政行为，原告同意并申请撤诉的，是否准许，由人民法院裁定。"

② 例如改变被诉行政行为所认定的主要事实和证据，改变被诉行政行为所适用的规范依据且对定性产生影响，撤销、部分撤销、变更被诉行政行为处理结果，履行法定职责、采取补救、补偿措施、认可原告与第三人达成的和解，均属于"被告改变其所作的行政行为"。参见最高人民法院《关于行政诉讼撤诉若干问题的规定》（法释〔2008〕2 号）。

③ 全国人大常委会法制工作委员会行政法室：《中华人民共和国行政诉讼法解读》，中国法制出版社 2014 年版，第 174 页。

④ 全国人大常委会法制工作委员会行政法室：《中华人民共和国行政诉讼法解读》，中国法制出版社 2014 年版，第 175 页。

⑤ 诉讼系属是指诉讼存在于法院的事实状态，具体而言，是指当事人之间的特定请求，已在某个人民法院起诉，现存在于法院而成为法院应当终结诉讼事件之状态。它反映了某个诉讼事件现处于某个法院的审理过程中，是对诉讼自起诉时起至诉讼终了之整个诉讼过程的高度概括。刘学在：《略论民事诉讼中的诉讼系属》，载《法学评论》2002 年第 6 期，第 91 页。

为、履行法定职责或法定义务，抑或降低行政决定之罚款数额，均表明原行政行为存在瑕疵，立足于监督行政机关依法行使职权之立法目的，法院应当依法裁判，不应当准许原告撤诉。只是在实践中，当被告改变行政行为，原告同意并申请撤诉的，鲜有出现法院不准许原告撤诉之情形。有学者将法院集体妥协的这种状况归结于"行政诉讼缺乏良好的制度环境，行政一对一缺乏制约，原告缺乏基本的安全，法院缺乏独立性和权威性[1]。"

二、被诉行政案件不存在违法性之调解运作：原告执行行政决定

当被诉行政案件不存在违法性问题时，法院适用行政诉讼调解审理行政案件的运作表现是原告执行行政决定。经过法院调解，原告履行该行政决定之内容，不过法院是以调解而非驳回诉讼请求判决的方式结案。在筛选出的 51 件裁量权调解案件中，有 5 件案件的调解结果是原告执行行政决定，意味着原告的诉讼请求被驳回。

在"吉首市民政网络会所诉吉首市人力资源和社会保障局行政处罚决定、吉首市人民政府行政复议决定一案"[2] 中，经法院主持调解，原告吉首市民政网络会所同意于四天内履行吉首市人社局作出的《劳动保障监察行政处罚决定书》（吉人社监罚字〔2016〕1 号）课予之义务，并自愿承担 50 元案件受理费。

在"广东正原投资有限公司诉清远市清城区城市管理综合执法局城乡建设行政管理一案"[3] 中，原告涉嫌违法修建，被告作出限期拆除决

---

① 何海波：《实治法治——寻求行政判决的合法性》，法律出版社 2009 年版，第 72 页。
② 湖南省吉首市人民法院 (2016) 湘 3101 行初 42 号行政调解书。
③ 广东省清远市清新区人民法院（原广东省清新县人民法院）(2018) 粤 1803 行初 182 号行政调解书。

定，原告不服，提起诉讼。经法院主持调解，原告自行拆除违法建筑，履行行政决定，减半承担诉讼受理费。

在"湖北厚德祖康公司诉嘉鱼县工商行政管理局工商行政管理一案"① 中，原告涉嫌传销，涉案金额高达30229596元，被告对原告作出没收违法所得30229596元、罚款100万元的行政处罚。在诉讼中，经过法院调解，原告同意缴纳罚款，履行行政处罚课予之义务。

在"北京匀加速科技有限公司诉嘉鱼县市场监督管理局质量监督检验检疫行政管理一案"② 中，原告涉嫌传销，被告对原告处以没收违法所得23668891元、罚款80万元的行政处罚（嘉市监处〔2019〕43号《行政处罚决定书》）。原告不服，提起行政诉讼，经法院主持调解，原告自愿履行该行政处罚决定之内容。

在"广州市翔鸿清洁服务有限公司诉清远市清城区应急管理局安全管理行政一案"③ 中，原告涉嫌导致一项重大火灾事故，被告作出罚款100万元的行政处罚决定，原告不服，提起诉讼，后经法院主持调解，原告同意分两期缴纳罚款，执行行政处罚决定。

综上所述，法院利用调解解决行政争议即是遵循以上两大类型、四小种运作方式达成目的。在利用调解处理行政案件之前，法院会对案件进行一定程度的合法性审查。这种合法性审查，使法院初步区分被诉行政案件是否存在违法性，判断被诉行政行为是否具备合法性，进而形成行政争议解决思路。

在实践中，法院运用司法审判权，将调解与合法性审查杂糅审理行政案件，最终以调解方式结案；以调解方式结案的行政争议，法院常以调解

---

① 湖北省嘉鱼县人民法院（2018）鄂1221行初21号行政调解书。
② 湖北省嘉鱼县人民法院（2019）鄂1221行初21号行政调解书。
③ 广东省清远市清新区人民法院（原广东省清新县人民法院）〔2019〕粤1803行初43号行政调解书。

结案为由不公开行政调解书。

本章小结

本章主要检视《行政诉讼法》自修改以来，我国行政诉讼调解的立法规范现状与实践适用现状，分析阐明了行政诉讼调解的实际运作方式。首先是关于行政诉讼调解的实践适用现状。数据显示，以调解结案为由不公开行政调解书之比例高，利用行政诉讼调解解决的行政案件，调解结果易在一定程度上侵犯他人合法权益、损害社会公共利益与国家利益。

司法实践中，由于行政诉讼调解制度立法规范本身存在一定的逻辑悖论，主要表现在"有限调解"之制度定位与"无限适用"调解范围之矛盾；诉讼调解之适用范围与处分权欠缺之矛盾，行政调解行为在法理上存在若干矛盾之处。此番逻辑悖论源于对三对关系的认识不明确：对行政案件进行调解与认定并阐明案件事实之间的关系认识不明；对行政机关具有裁量权限与行政机关具有处分权之关系认识不明；对调解具有保密性规定与不公开行政调解书之关系认识不明。立法规范本身存在的逻辑悖论，导致行政诉讼调解制度在实践司法层面存在不和谐之音。

此外，根据行政调解书中调解结果呈现之内容，将行政案件区分为行政行为存在违法性的案件与不存在违法性的案件，通过考察行政调解书样本，归纳出我国行政诉讼调解的两大类型、四小种运作方式，同时在行政诉讼案件中，法院以调解代替裁判的司法权运作已现端倪。

| 第三章 |

域内外行政诉讼调解制度之比较

他山之石，可以攻玉；他人之事，我事之师。调解行为在我国具有悠久历史，但行政诉讼作为舶来品，在我国确立不过三四十年，仍须历经较长时间才能发展完善。如果将 2014 年以前法院的"协调和解"也视为调解，那么行政诉讼调解也是最近一二十年才有的做法。考察比较域外国家、地区的行政诉讼和解、法官调解制度，对洞悉我国行政诉讼调解的真实面貌实大有裨益。

第一节 域外行政诉讼和解与法官调解

在大陆法系国家的行政诉讼中，与我国行政诉讼调解制度相类似的有当事人诉讼上和解制度与法官调解制度。

一、域外的行政诉讼和解

域外国家和地区中，以大陆法系中的德国为典型代表，拥有比较成熟的行政诉讼上和解制度，2012 年前后，德国行政诉讼中兴起法官调解。德国的行政诉讼上和解制度以及德国行政诉讼中的法官调解与我国行政诉讼调解制度关联度大，将着重对二者进行比较分析。法国行政诉讼上未见成文的和解制度，比较成体系的是诉讼外调解专员制度。① 英美法系国家亦以 ADR（法院外的替代性纠纷解决机制）见长，与本书行政诉讼调解之主题联系不甚紧密，故此处不过多着墨。

德国公法上承认两种和解合同。一是以《德国行政程序法》第 55 条②为依据的和解合同。这种和解合同是对于经明智考虑仍无法明确事实内容或法律状况的争议，能够通过彼此让步消除其不确定性，允许签订公法合同代替作出行政行为，但行政机关按义务裁量达成和解应当符合法律目的。二是根据《德国行政法院法》第 106 条③达成的法庭和解（也称诉讼和解）。达成诉讼和解，参加人通过相互妥协终结法律纠纷的全部或部分，诉讼和解既是一种诉讼行为，又是一种公法合同。④ 和解合同的有效性以和解双方对标的处分权为前提。何谓处分权，《德国行政法院法》未就此名词予以定义。理论认为，只能由有管辖权的机关的一个通晓法律的代理人来签订诉讼和解合同。此外，诉讼和解如果包含"为第三人施加负担"的内容，只能在第三人同意下才会有效，而且必须在法院建议下

---

① 参见王名扬：《法国行政法》，北京大学出版社 2007 年版，第 429 – 433 页。

② 《德国行政程序法》第 55 条（和解合同）：经明智考虑事实内容或法律状况，对存在的不确定性可通过相互让步（和解）消除时，可以签订第 54 条第 2 句意义上的公法合同，但以行政机关按义务裁量认为达成和解符合目的者为限。[德] G. 平特纳：《德国普通行政法》，朱林译，中国政法大学出版社 1999 年版，第 240 页。

③ 《德国行政法院法》第 106 条（法庭和解）：只要参与人对和解标的有处分权，为完全或部分终结诉讼，参与人可在法院作出笔录，或在指定或委派的法官面前作出笔录以达成和解。法庭和解也可以通过以法院、主审法官或编制报告法官建议作出的裁定形式，以书面方式在法院达成。[德] G. 平特纳：《德国普通行政法》，朱林译，中国政法大学出版社 1999 年版，第 292 页。

④ 弗里德赫尔穆·胡芬：《行政诉讼法》，莫光华译，法律出版社 2003 年版，第 576 页。

达成。①

二、德国行政诉讼中的法官调解

德国的调解类型众多，大致分为起诉前调解与法院相关调解。在行政诉讼系属于法院之后的调解称为"法院相关调解"。法院相关调解又可分为"接近法院之调解"与"法院内部调解"。"接近法院之调解"又可称为"法院外调解"，指行政诉讼事件系属法院中，由法院将其移送法院以外之其他调解人调解。"法院内部调解"，指诉讼系属中，由法院将其移送其他不具审判权限之"调解法官"调解，即谓"法官调解"。②

（一）德国行政诉讼中法官调解之发展历程

德国行政诉讼中法官调解制度于 2000 年 2 月由德国法官学会提出试行后，引起诸多争议。反对者认为调解并非基本法所规定司法权之任务，而且，行政诉讼法上已有法院和解，法官调解制度不具备必要性，再者，并非所有行政诉讼事件之性质皆适于调解。对此，支持者亦提出诸多理由反驳，例如主张司法权之功能为解决纷争，法官调解之性质为司法行政行为，包含于司法权范畴之中。主张法官调解能不拘泥于法规，邀请行政诉讼法上未必有诉讼权能、但实际上扮演关键角色者参与调解程序，解决争议实现共赢，能疏减讼源、缩短行政法院裁判所需期间、提升司法品质，对环境法、建筑法以及营业、交通法规等领域之行政诉讼事件，法官调解的成效卓著。最终在 2012 年 6 月，德国联邦众议院通

① 弗里德赫尔穆·胡芬：《行政诉讼法》，莫光华译，法律出版社 2003 年版，第 577 页。
② 刘建宏：《法治国图像变迁下司法权功能之再探讨——德国行政诉讼中法官调解制度之研究》，载《政大法学评论》总第 142 期（2015 年 9 月），第 364 页。

过《德国行政法院法》第 173 条修正案，规定行政诉讼准用民事诉讼法之法官调解制度。[①]

（二）德国行政诉讼中法官调解之内涵

在德国，调解是将冲突整体包含冲突原因纳入考量，且让所有调解程序需得其同意的、与冲突相关人士参与之程序。与诉讼程序专注于法律相关问题以及法律上具有重要性的事实不同，调解重视冲突当事人的利益、关心事项及个人需求，也考量对冲突具有重要性的整体事实。诉讼程序针对过去，调解的视野面向未来。[②] 下文以 2002 年德国弗莱堡的"加油站事件"为例进行说明。

某石油公司向县政府申请延长位于某乡加油站之营业时间，经县政府批准，乃向弗莱堡行政法院提起行政诉讼，并经原告、被告及参加人乡公所同意后，移送调解法官调解。调解人了解案件后，发现该案被告县政府之所以否定原告延长营业时间之申请，系因加油站所在地之乡公所不同意（其同意为申请之要件）。而乡公所之所以不同意，系因附近住户反对所致。因此，经原告、被告及参加人同意后，邀请附近住户之代表及加油站之承租人即实际之运营人参加调解程序。再深究附近住户反对之原因，发现重点并不在于营业时间，而是该加油站及其附设之商店已成为附近青少年聚集之场所，经常夜间在此饮酒、喧闹、制造噪音。最终原告石油公司同意出资为附近邻居装置隔音气密窗，加油站承租人亦同意加强劝导夜间聚集之青少年降低音量，住户代表及乡公所不再反对加油站延长营业时

---

① 刘建宏：《法治国图像变迁下司法权功能之再探讨——德国行政诉讼中法官调解制度之研究》，载《政大法学评论》总第 142 期（2015 年 9 月），第 366 页。

② Joachim von Bargen：《德国行政诉讼上法官调解制度——传统诉讼程序之外的另一种选择》，江嘉琪译，载《中正大学法学集刊》总第 46 期（2015 年 1 月），第 14 页。

间，被告县政府承诺将准许原告之申请。[1]

德国行政诉讼中的此种法官调解，实际上是将冲突所牵涉利益主体全都吸纳进调解程序中，找到案件系争焦点，通过采取措施、消除利益相关者之顾虑，解决困难，化解争议，不过仍应在客观法秩序框架内实施。当事人可以放弃其法律地位、主观权利或者诉求，以换取对他们而言更重要的东西，但无论如何，不可处分的客观法之框架必须尊重。[2] 20 世纪中后期出现的合作国家、公私协力等理念对行政法领域中纷争解决机制之内容有极大影响，促进了行政诉讼中法官调解制度之发展。

为实现公益，各国都设置了行政程序，德国立法越来越多地确立私人参与行政程序的条文。法规中这些程序参与规定的真正目的在于"确保行政决定之实质正确性"。每一个行政程序，都是使公益具体化的过程，人民参与行政程序，就是一种对公益具体化之"协力"。在公私协力思想的影响下，行政程序被视为"公私协力使公益具体化的秩序概念"。有学者认为"行政行为既然已从'单方之层级式拘束效力'转变为'合作开放'的行为模式，那么以监督行政行为为重要任务的行政诉讼审判权，其思想亦有待调整。盖行政诉讼之功能不仅止于'裁判纷争'，亦应包含（以裁判外方式）'终止纷争'。因此行政诉讼审判权之内容亦应适度扩张"。[3]

法官调解在程序方面，应依两造合意申请为之，但发动权原则上属于

---

① "加油站事件"法官调解程序文档，载弗莱堡行政法院官方网站：http://vgfreiburg. de/servlet/PB/show/1197583/VGFRMediationdokumentation. 转引自刘建宏：《法治国图像变迁下司法权功能之再探讨——德国行政诉讼中法官调解制度之研究》，载《政大法学评论》总第 142 期（2015 年 9 月），第 362 页。

② Joachim von Bargen：《德国行政诉讼上法官调解制度——传统诉讼程序之外的另一种选择》，江嘉琪译，载《中正大学法学集刊》总第 46 期（2015 年 1 月），第 16 页。

③ 刘建宏：《法治国图像变迁下司法权功能之再探讨——德国行政诉讼中法官调解制度之研究》，载《政大法学评论》总第 142 期（2015 年 9 月），第 359 页。

对争讼有审判权的审判庭，主要是因为有审判权限的法官能够判断案件特质是否适于调解。法官调解原则上受重要的诉讼原则及程序上规定之拘束。为维护秘密性之利益，笔录仅在当事人同意下才进行。若调解成立，诉讼程序会以合意终结，具体表现是以诉讼上和解，或依诉讼外和解、透过本案终结的宣告，或者原告撤回诉讼而终结。调解不成立，则争讼程序将继续进行。[①] 由此可见，法官调解不是终结诉讼系属之原因。

据巴根（Bargen）教授阐述，适合进行法庭内调解的行政法争讼案件有：第一，高度复杂的争议及多数彼此交织的冲突。程序当事人之间已经争议相当长的时间，仍一直产生新的冲突，也因此可能有新的争讼程序系属的案件。在这类冲突争议中，法庭内调解产生令人讶异的正面成效。第二，因法律问题，原告感情极度受挫的案件。原告受到行政机关羞辱性对待或者受尽法律的折磨极度愤怒，要把法院诉讼程序当作决一死战的过程，而事实上想争执的，单纯只有法律上的问题而已。第三，涉及特别重大利益并且要达成一个迅速的、好的解决方案的案件。第四，一直未参加诉讼成为当事人的第三人要受拘束情况的案件。巴根教授同时指出，涉及原则上需要厘清的法律问题案件、欠缺任何协商空间且利益状态非常明显的案件、不需要考量利益、关心事项或个人需求情况的案件不适合法官调解。[②] 另外，在法官调解制度中，许多案例的法律地位、主观权利及请求都是可处分的：当事人可以放弃，以换取对他们而言更重要的东西。但无论如何，不可处分的客观法的框架必须尊重。[③]

---

① Joachim von Bargen：《德国行政诉讼上法官调解制度——传统诉讼程序之外的另一种选择》，江嘉琪译，载《中正大学法学集刊》总第46期（2015年1月），第17页。
② Joachim von Bargen：《德国行政诉讼上法官调解制度——传统诉讼程序之外的另一种选择》，江嘉琪译，载《中正大学法学集刊》总第46期（2015年1月），第15页。
③ Joachim von Bargen：《德国行政诉讼上法官调解制度——传统诉讼程序之外的另一种选择》，江嘉琪译，载《中正大学法学集刊》总第46期（2015年1月），第16页。

总而言之，德国行政诉讼在进行法官调解前，法院需要扮演一个预审角色，判断案件是否适于调解，进而决定是否进行法庭内调解。虽说最终是要实现当事人共赢，解决利益纷争，但客观法的框架必须尊重，不得撼动。法官调解并非终结诉讼系属之原因，调解若成立需通过诉讼和解、原告撤诉等其他形式终结诉讼。

第二节　理念与程序设计混杂的行政诉讼调解

我国行政诉讼调解存在的问题与逻辑悖论，说明我国的行政诉讼调解存在亟待完善之处。通过与域外相关国家、地区的诉讼上和解与法官调解制度的比较，可以发现我国行政诉讼调解是一项理念与程序设计混杂的制度。在理念上，我国行政诉讼调解与德国行政诉讼中的法官调解不谋而合，旨在解决纷争、消弭冲突。在适用范围等程序设计上，我国参考德国诉讼和解的运行轨迹，却将行政机关具备裁量权视为当事人对诉讼标的具有处分权，划定的适用范围与原制度设计不一致，与行政诉讼调解之制度定位有所不合，存在一定的弊端与风险。

一、与域外行政诉讼和解制度之关系

我国行政诉讼调解与德国行政诉讼和解的某些要件具有相似性，但适用范围差异甚大。

德国的诉讼和解得以成立，源于行政实体法允许行政机关以公法合同之形式处分公权力。当事人就诉讼标的具有处分权是诉讼和解成立之重要要件。"行政机关之处分权须依公法法规之规定，得缔结公法契约者，且对于诉讼标的具有事务管辖权与土地管辖权。"① 其中，形式上之处分权，即行政机关以缔结契约之方式行使其公权力之权限。缔结行政契约在德国行政实务上呈现比较宽松之状态。德国的理论界普遍认为，行政契约在性质上与行政处分属于相互竞争之关系，没有所谓的"本质上不准缔结行政契约"的行政领域，于是广泛出现在干预行政与给付行政中。例如，在土地开发、教育、地方公共设施建设、社会福利保障、租税、环境保护等领域，行政契约的使用广泛存在。②

与之不同，我国并未在普遍意义上允许行政机关以公法合同之形式处分公权力，仅在土地与房屋征收补偿、基础设施与公用事业特许经营等领域有类似交换合同或者双务契约性质的行政协议。就行政诉讼调解制度的程序而言，虽然在程序外观上，同德国的诉讼和解具有相似性，例如行政诉讼调解（和解）不移送专门调解（和解）法官、均由案件承办法官主持，调解（和解）成立后制作行政调解书（和解笔录），但由于行政机关普遍欠缺处分权，导致二者的适用范围有显著区别。

二、与德国行政诉讼中法官调解制度之关系

调解在中国的历史上早已有之，当调解融入行政诉讼，其理念与德国的法官调解制度高度契合，但在程序设计等方面存有差异。

德国的"法官调解"，又称"法院内部调解"，是指诉讼系属中，由法院将案件移送其他不具备审判权限之"调解法官"调解，以达到解决

---

① 徐瑞晃：《行政诉讼法》，元照出版有限公司 2015 年版，第 521 页。
② 林明锵："行政契约"，见翁岳生：《行政法》（上），元照出版公司 2006 年版，第 571－582 页。

争议实现共赢、疏减讼源、缩短法院裁判所需期间、提升司法品质之目的。[①] 从理念上看，我国的行政诉讼调解与德国的法官调解制度高度契合：均出于解决行政纷争、疏减讼源、缩减审理期限、提升司法公信力等目的，将民事诉讼之调解适用于行政诉讼；均规定了调解的自愿性与调解过程的保密义务；均有合法原则拘束之要求，不得撼动客观法秩序框架等。[②] 但在是否移送专门调解法官主持、调解本身是否可以作为终结诉讼系属之方式、适用范围、第三人地位等方面存在差异。

第一，我国行政诉讼调解与德国行政诉讼中法官调解的调解人不一样。我国行政诉讼调解是由行政诉讼受案法官本人主持，其既担负案件裁判职责，亦具有调解权限。但德国行政诉讼法官调解会将案件移送至不具有本案审判权限的法官，由其担任调解人。[③]

第二，调解本身是否可以作为终结诉讼系属之方式不一样。从立法规范层面来看，我国行政诉讼调解可以作为终结诉讼系属之原因[④]；德国行政诉讼法官调解只是作为一项促成当事人达成合意的手段或者程序存在，本身不能成为终结诉讼系属之原因。若经过诉讼调解，双方达成合意，案件需要以诉讼上和解、诉讼外和解、本案终结宣告抑或原告撤诉的方式终结诉讼系属。[⑤]

第三，适用范围不一样。我国行政诉讼调解以"行政机关具有裁量

[①] 刘建宏：《法治国图像变迁下司法权功能之再探讨——德国行政诉讼中法官调解制度之研究》，载《政大法学评论》总第 142 期（2015 年 9 月）。

[②] Joachim von Bargen：《德国行政诉讼上法官调解制度——传统诉讼程序之外的另一种选择》，江嘉琪译，载《中正大学法学集刊》总第 46 期（2015 年 1 月）。

[③] 刘建宏：《法治国图像变迁下司法权功能之再探讨——德国行政诉讼中法官调解制度之研究》，载《政大法学评论》总第 142 期（2015 年 9 月）。

[④] 调解实践中，亦存在双方达成合意后，法院在行政调解书载明调解结果，但仍强调原告撤诉的情形。湖南省桑植县人民法院（2017）湘 0822 行初字第 115 号行政调解书。

[⑤] Joachim von Bargen：《德国行政诉讼上法官调解制度——传统诉讼程序之外的另一种选择》，江嘉琪译，载《中正大学法学集刊》总第 46 期（2015 年 1 月）。

权"为潜在标准,确定赔偿、补偿及行政机关行使自由裁量权的案件可以适用诉讼调解,同时要求"调解应当根据当事人自愿的原则,在查清事实,分清是非的基础上进行"。[①] 实践中,涉行政行为诉讼的案件大多都能调解。德国行政诉讼法官调解主要适用于案情复杂、牵涉面广,或者原告感情极度受挫等案件。[②]

第四,第三人地位有差异。德国行政诉讼中法官调解不仅在原告与行政机关之间进行,还会充分考虑与争议有牵扯的第三人利益,确保他们的诉求也能获得关注并予以实现,如此达成的调解方案才能称得上是实质性解决行政争议,例如 2002 年德国弗莱堡的"加油站事件"。[③] 否则,终将有一方的利益处于受损状态,这样的调解只是为终结诉讼的调解,并非解决行政争议之调解,不具有"合作双赢"之目的。我国行政诉讼调解中的第三人须经过人民法院准许方可参加调解,另外,法院认为有必要的,也可依职权通知第三人参加调解。但是第三人对双方当事人达成调解之影响力并未获得法律明确规定,全凭法院自主审查。目前,法院具有审查调解合法性之权力,不过这往往同赋予法院行使审查撤诉权力之结果一样,法院易于集体妥协。[④]

综上所述,我国行政诉讼调解是一项既不似德国诉讼和解,也不似德国法官调解的旨在终结诉讼的制度,是法院行使司法审判权之表现,不称为裁判而是自诩为调解,肩负解决争议、疏减讼源的美好愿景,但以德国的诉讼和解制度作为蓝本参考设计而成,混淆裁量权与处分权,

---

① 最高人民法院行政审判庭编:《行政诉讼文书样式》(试行),人民法院出版社 2015 年版,第 46 页。

② Joachim von Bargen:《德国行政诉讼上法官调解制度——传统诉讼程序之外的另一种选择》,江嘉琪译,载《中正大学法学集刊》总第 46 期(2015 年 1 月)。

③ 刘建宏:《法治国图像变迁下司法权功能之再探讨——德国行政诉讼中法官调解制度之研究》,载《政大法学评论》总第 142 期(2015 年 9 月)。

④ 何海波:《实质法治——寻求行政判决的合法性》,法律出版社 2009 年版,第 84 页。

欠缺充足的处分权要件，划定之适用范围存在逻辑悖论，存在一定的风险与弊端。

本章小结

　　本章主要介绍大陆法系国家的诉讼上和解以及德国的法官调解制度。二者的主要区别有四个方面。第一，当事人是否具有处分权。诉讼上和解以当事人具有处分权为前提，法官调解制度没有此项要求。第二，是否需要法官的高度参与法官调解制度更多地依靠法官超出司法权限寻求解决方案，而诉讼上和解主要是双方当事人自身之妥协、退让达成和解。第三，是否在案件审理法官面前进行。诉讼上和解是在诉讼中，在受案法官前双方当事人达成和解；但法官调解需要将案件移交至不具有案件审判权限的法官进行调解。第四，是否可以作为终结诉讼系属之方式。诉讼上和解可以成为终结诉讼系属之方式，但法官调解不能终结诉讼系属，仍应当以法院裁判、当事人和解或原告撤诉予以终结。

　　我国行政诉讼调解是一项既不同于德国诉讼上和解，也不同于德国法官调解的制度。它综合了诉讼上和解与法官调解制度的某些特征，旨在终结诉讼。它是法院行使司法审判权之表现，不称为裁判而为调解，肩负解决争议、疏减讼源的责任，以德国的诉讼和解制度作为蓝本参考设计而成，但在具体实践中，出现了混淆裁量权与处分权的现象，划定之适用范围存在一定的逻辑悖论，因而存在一定的风险与弊端。

| 第四章 |

我国行政诉讼调解理论基础之忖思

如果说行政诉讼的构造是行政诉讼规则的先行者[1]，那么行政诉讼的价值定位则是行政诉讼构造的引领者。镶嵌在行政诉讼制度中的行政诉讼调解，其扮演的角色与实际运行需要契合行政诉讼制度本身之价值定位。黑格尔有言："凡是有理性的，都是现实的；凡是现实的，都是有理性的。"[2] 但凡现实存在之事物，都有其内在之逻辑理性。换言之，事物之现实表现往往源于某种内在原因。我国行政诉讼调解之所以存在风险与弊端，一定程度上与行政诉讼调解制度之不完善有关。

第一节　行政诉讼的价值定位

作为一项司法救济手段，行政诉讼存在多重功能。"保护相对人合法权益""监督行政机关依法行政"两项立法目的彰显了立法者对行政诉讼

---

[1]　薛刚凌、杨欣：《论我国行政诉讼构造："主观诉讼"抑或"客观诉讼"？》，载《行政法学研究》2013 年第 4 期，第 29 页。

[2]　黑格尔：《法哲学原理》，邓安庆译，人民出版社 2016 年版，序言第 12 页。

制度之期待。2014 年《行政诉讼法》新增"解决行政争议"之立法目的，确立有限的行政诉讼调解。行政诉讼制度"解决行政争议"的功能引发关注。最高人民法院在司法体制改革《人民法院第五个五年改革纲要（2019—2023）》中提到"推动行政争议实质性化解"①，希冀法院解决行政争议的主观愿望被进一步强化。某种程度上，这是受"效果统一论"之司法政策之影响。坦言之，"效果统一论"不是一项符合法治原则的司法政策。在此项司法政策影响下诞生的《行政诉讼法》"解决行政争议"之立法目的、行政诉讼调解制度，抑或司法体制综合配套改革方案中"推进行政诉讼制度改革，推动行政争议实质性化解"的要求是否符合法治原则值得商榷，故而有必要重新探讨我国行政诉讼之价值定位。

一、何谓"价值定位"

"正义是社会制度的首要价值，正像真理是思想体系的首要价值一样……某些法律和制度，不管它们如何有效率和有条理，只要它们不正义，就必须加以改造或废除。"② 正义有着一张普洛透斯似的脸，变幻无常③，行政诉讼究竟应当以何种价值作为规则与程序设计的考量出发点，才能被视为一项正义的社会制度，这是一个常谈常新的话题。

---

① "推进行政诉讼制度改革，推动行政争议实质性化解，监督和支持行政机关依法行政"是人民法院司法体制综合配套改革的重要内容。参见最高人民法院：《最高人民法院关于深化人民法院司法体制综合配套改革的意见——人民法院第五个五年改革纲要（2019—2023）》（法发〔2019〕8 号），载最高人民法院官网，http：//www. court. gov. cn/fabu – xiangqing – 144202. html，最后访问日期：2024 年 2 月 18 日。

② ［美］约翰·罗尔斯：《正义论》，何怀宏等译，中国社会科学出版社 1988 年版，第 3 页。

③ ［美］E. 博登海默：《法理学：法律哲学与法律方法》，邓正来译，中国政法大学出版社 2004 年版，第 261 页。

（一）关于"价值"

从马克思主义认识论角度来看，"价值"代表客体对主体需求之满足，是客体的属性和功能与主体需求之间的一种效用关系。理论界在对"价值"作一般解释时，偏爱此种"关系说"——认为价值是客体的属性、作用对于主体的意义。[①] 相比"属性说"只考虑客体的客观属性与"兴趣说"只考虑主体的主观需求，"关系说"则兼顾客体的客观属性与主体的主观需求两方面内容，更为全面。但是，"关系说"误把价值的语义背景当作"价值"本身之含义，导致"价值"概念模糊化、混沌化。申言之，客体的价值是从某种关系中产生，也反映某种关系，但客体的"价值"并非该"关系"本身。"价值"是指与主体的需要、欲求具有相洽互适性的，从而受到主体的珍视、重视的事物的存在、性状、属性或作用。[②] 概言之，事物"价值"的落脚点在于事物的存在、属性或功能，此种"存在、属性或功能"应当同主体的需要、欲求相吻合，方能体现"价值"反映的是一种效用关系。

（二）何谓"行政诉讼的价值定位"

法作为一种社会规范，通常而言，具有调整一定社会关系、指引社会主体行为、保障其合法权益之功能，这是法所天然具有之属性。法遵循确认和维护一定社会秩序、维护利益、崇尚正义之价值取向，这是法的应然属性。[③]

有实务工作者认为，司法的价值取向有两层含义：一是指各国希望通

---

① 李德顺：《"价值"与"人的价值"辨析》，载《天津社会科学》1994 年第 6 期，第 29 页。

② 张恒山：《"法的价值"概念辨析》，载《中外法学》1999 年第 5 期，第 22 页。

③ 周旺生：《法的功能和法的作用辨异》，载《政法论坛》2006 年第 5 期，第 113 页。

过司法所欲达到的目的或追求的社会效果；二是指当法律所追求的多个价值目标出现矛盾时的最终价值选择方向。① 这种观点的第一层含义采用的是价值的"兴趣说"，凸显的是主体对客体的需求，没有客观认识"司法价值"之内涵。第二层含义反映的是司法对利益的平衡与取舍，只能算作司法的一种属性或功能，并不全面。

笔者认为，"价值取向"与"价值追求"指的是主体对客体诸多属性或功能之欲求，而"价值定位"指的是主体根据自身需要、欲求对客体诸多属性或功能之位阶排序，反映的是在诸多价值中的优先选择。

行政诉讼的立法目的体现了立法者的价值取向或价值追求。然而"价值定位"不同于"价值追求"，行政诉讼的"价值定位"应当凸显诸多"价值追求"中最重要之价值，应当体现立法者对行政诉讼价值之不同选择或价值位阶的不同排序。这与邓刚宏教授阐述之"行政诉讼功能模式选择"有异曲同工之妙。②

二、行政诉讼价值之学说

通常而言，行政诉讼作为审理行政纠纷的一项司法活动，具有解决行政纠纷、保护公民权利、监督行政机关依法行使职权之属性与功能。各国家、地区根据各自历史文化因素，产生了不同的行政诉讼价值学说，不同价值之学说反映了人们对司法性质的不同认识。

（一）行政诉讼价值之学说

纵观大陆法系与英美法系国家、地区，行政诉讼制度的价值学说主要

---

① 王晓琼：《利益平衡论与司法的艺术——立足于中国法治文化本土化的思考》，载《法学论坛》2005 年第 5 期，第 122 页。

② 邓刚宏：《论我国行政诉讼功能模式及其理论价值》，载《中国法学》2009 年第 5 期，第 53 页。

有控制行政权论、权利保障论与多元价值论三种。

1. 控制行政权论

控制行政权论认为，行政诉讼的价值在于控制行政权力。英国司法审查以越权无效理论——公共机关不应当越权为基础，裁判某一行政行为是否合法并决定实施救济。换个角度而言，司法审查是一项维护公共机关正当履职、坚守法治的基本制度。[①]

2. 权利保障论

权利保障论，或称"权利保护说"，认为行政诉讼之功能导向，最终在于保护人民之权利，或者以之为主要目的，而法规之维持或行政行为合法性之确保，只是附带作用或当然结果。[②] 此种观点是自人民角度观察得出之结论，认为行政活动之适法性固然作为其关心对象，然而当国家与人民发生争执之情形时，如何确保人民权益不受违法行政行为侵害，始终是人民关心的重点。故而，如何经由行政诉讼制度以保护人民权益，即成为行政诉讼之制度目的。[③]

3. 多元价值论

该种学说认为行政诉讼之价值是多元的。例如罗豪才教授提出的平衡论，认为行政诉讼的确立，既要保障公民的权利，又要监督行政权。该说认为行政诉讼制度之存在理由，主要从人民方面之权利救济要求而来，但行政活动之适法性与人民权益之保护两个目的在依法行政原理方面，互为表里，亦即整体行政诉讼制度之设计及其相关规定，如能确实达成其中一

---

① 威廉·韦德、克里斯托弗·福赛：《行政法》，骆梅英、苏苗罕等译，中国人民大学出版社 2018 年版，第 25 – 26 页。

② 蔡志方：《行政救济法新论》，元照出版有限公司 2007 年版，第 134 页。

③ 刘宗德、彭凤至：《行政诉讼制度》，见翁岳生：《行政法》（下），元照出版公司 2006 年版，第 356 页。

个诉讼目的，理论上亦可同时满足另一目的要求。①

（二）司法权的限界与优位

就行政诉讼制度而言，控制行政权论与权利保障论源于人们对司法性质基本看法的差异：司法权的限界，抑或司法权的优位。

小早川光郎教授在介绍原田尚彦教授《诉的利益》一书时，提到了法院与行政府（行政机关）之间的关系，将其总结为司法权的限界论与司法权的优位论。他指出这两种理论学说反映的是法院与行政府之间一体两面的关系。一方面，法院原则上只能以裁判法律上的纠纷这一形式干涉行政府；另一方面，行政府服从于法院所宣言之法。换言之，将重点置于司法权的限界，还是置于司法权的优位，作为宪法解释的诉讼利益论会产生差异。②

日本学者的著作中关于"司法权限界论"与"司法权优位论"之争与司法权的变更权有关。"司法权限界论"，或称司法权界限原理，司法权相对于行政权具有一定的界限。行政机关拥有首次判断权，以实现公共福祉为目的而积极实施各项活动。司法则是通过具体案件适用法律发挥保障功能。③"与行政法院不同，司法法院不具有行政监督的权限，而只不过拥有审查法律具体适用的合法性这一有限的消极功能而已，因此，它只能排除违法行政处分的全部或一部分。除非法有特别规定，否则不允许法院超越这个范围，取代行政机关亲自实施行政处分或者作出以命令（行

---

①　刘宗德、彭凤至：《行政诉讼制度》，见翁岳生：《行政法》（下），元照出版公司2006年版，第356页。

②　小早川光郎：《行政诉讼的构造分析》，王天华译，中国政法大学出版社2014年版，第271页。

③　田中二郎：《行政事件に关する司法裁判所の权限》，载《法曹时报》1949年第1卷第8号，第244－261页。转引自李哲范：《司法变更权限定与扩大的博弈——以司法权界限论为视角》，载《吉林大学社会科学学报》2012年第5期，第138页。

政机关）实施一定行政处分为内容的给付判决。"① 反对者则抨击司法权的限界论是借司法之名来温存行政国家式的行政诉讼。②

三、我国行政诉讼的价值定位

价值反映客体对主体需求的满足。客体能否满足主体之需求，一方面要考量主体的观念、需要、欲求，另一方面应当基于客体之属性。虽然主体的观念、需要、欲求会影响事物之价值定位，但终究不能脱离事物之内在属性。利用角色论分析，任何个体、组织在社会中都扮演一定角色。角色往往集合了一整套与个体、组织在社会中所处地位有关的思想、信念与行为方式。个体、组织在社会系统中所处位置不同、角色不同，其行为方式亦不相同。认清个体、组织在社会系统中所处位置及角色，对规划其职能运作具有积极的意义。

（一）行政诉讼的权利保护是事后保护、个别保护与微观保护

从司法权属于判断权之性质，我国司法偏重个案情理分析与坚持集体主义之社会文化观念来看，对于人民权利的保护只能是事后救济、个别保护与微观保护。

1. 司法权的被动属性与有限性

从广义上来讲，行政权与司法权同属于执行权，但行政权是管理权，司法权是判断权。司法权并非权利保护的主要制度性机制，司法权是有限的，而且是被动的，它存在的目的主要是根据法律解决个人之间或个人与政府之间的纠纷。权利应该由一般的民主程序进行保护，而非司法，司法

---

① 原田尚彦：《诉的利益》，石龙潭译，中国政法大学出版社 2014 年版，第 67-68 页。
② 原田尚彦：《诉的利益》，石龙潭译，中国政法大学出版社 2014 年版，第 68 页。

只是维护社会公正的最后一道防线，并非"最主要"途径。行政权更注重权力结果的实质性，司法权更注重权力过程的形式性。法庭上的最高理性是形式合理性。司法活动不应当过分强调"具体问题具体分析"，否则司法有行政化之嫌。

2. 偏重个案情理分析

西方国家出现能动司法，很大一部分原因为过于看重实在法规则，司法能动主义的出现是对分析实证主义的矫正。自古以来，我国过于看重"人"在司法断案中的主观能动性发挥，古代的行政官吏、近现代的法官在案件裁断方面、在解决争议方面，偏重对个案的情理分析，但对规则的分析相对不足，这并不符合司法权属性之裁判方式。我国需要弥补的不是法官能动性的发挥，而是恪守法律规则的裁判。

3. 注重集体利益之社会文化观念

在我国社会文化观念中，处理个人利益与集体利益的关系时坚持的是集体主义原则，大致内容是，坚持国家、集体、个人三方利益相结合，倡导把国家、集体利益放在首位，充分尊重和维护个人利益，当国家、集体和个人利益发生冲突时，个人利益应当服从国家和集体利益。[1]

（二）宏观的权利保障应当依靠"监督行政"实现

行政诉讼法属于救济法，只能为公民、法人或其他组织提供事后保护。法院只不过是国家与社会综合治理工作布局中的一个组成，它在其中并不占完全主导或是主要地位。[2] 行政诉讼是社会治理的最后一环，其发挥作用的正确打开方式，应当是"四两拨千斤""以柔克刚"。如果让司

---

[1]　何家弘：《论司法公正》，载《中国法学》1999 年第 2 期，第 16 页。
[2]　陈洪杰：《从程序正义到摆平"正义"：法官的多重角色分析》，载《法制与社会发展》2011 年第 2 期，第 36 页。

法权变成社会治理之主力，司法权与行政权将毫无二致，则司法权本身的裁判功能则会变得模糊不清。

司法的生命在于追求公正。行政诉讼是审理行政案件、裁判行政争议、辨别是非曲直的司法活动。行政争议为行政机关行使公权力维护社会秩序、分配和维护公共利益过程中产生之争议。当发生行政争议，一方面是相对人之利益，另一方面是行政机关所代表的社会秩序或社会公共利益，法院更应当以监督行政机关依法行政为价值取向。其实，行政争议双方当事人都具有权利诉求。虽说行政机关是公权力机关，行政在行政管理法律关系中处于管理相对人之地位，彼此法律关系不对等，行政机关占据优势地位，但在行政诉讼法律关系中，行政相对人占据规则优势，立法通过对原告一方权利作出之倾斜，是对"行政管理法律关系不对等"状态的扳回。在行政管理法律关系与行政诉讼法律关系实现动态平衡的过程中，立法关于各方权利义务之规则至关重要，发挥着主体权利保障之主要作用。在此种情况下，法院作为裁判机关，不应当有所偏颇，而应当正确适用规则，审查行政行为之合法性才是行政案件公正裁判之要义，监督行政是法官审理行政案件的出发点和归宿。

蔡志方教授认为法规维持与权利保护不容易以独立目的并存于同一制度中，即便使二者并存于同一制度，亦必须有主从之别，并使诉讼制度产生不同结构及要求，否则容易导致行政诉讼制度纠结庞杂，不易将应有功能发挥极致。[①] 笔者对此颇为赞同，但其认为应当从目的与手段之分野及现代法治国家之基本精神，将人民权利之保护作为行政诉讼制度之最终目的的观点有待商榷。权利保障的确是目的，监督行政的确是手段，然而权利保障应当主要通过一般的民主程序进行立法予以实现，行政权是执行、分配此种利益，司法则是裁断案件，明确是非。因此，行政诉讼应当公正

---

① 蔡志方：《行政救济法新论》，元照出版有限公司 2007 年版，第 138 页。

裁判，审查行政机关行政行为之合法性，应以"监督行政"为价值取向。

（三）行政诉讼不适宜过度追求"解决行政争议"

O. 拜耳曾指出，"法与法律，无论私法还是公法，只有得到审判的保障才会获得真正的意义与力量。未经审判的法与法律，无异于不产生利润的资本"。[①] 一项法律制度的目的往往是立法者对该项制度应当承担何种任务或扮演何种角色的理论预设，决定该项制度的整体架构与规则的具体设计。行政诉讼具有三重固有属性：解决行政纠纷的程序性属性、制约权力的监督属性、保护权利的救济属性。[②] 立法目的与法律的性质密切相关，立法者只能在法律的性质中择其要者追求之，追求脱离该法律性质的所谓目的，必然偏离法律的实质。[③]

法的作用不同于法的功能。法的功能是法所固有的稳定属性，而法的作用则需常有变动。人们所能做和所应做的，主要是使法的功能的潜质尽可能地实现，而不是去做形式上"充分发挥"而实质上属于画蛇添足的徒劳工作。法的作用主要是规定性的，故而需要人们去赋予和设定。在充分利用既有的各方面条件的基础上，更好地创设和发挥法的作用，使法的作用能够适合国家生活、社会生活和公民生活的实际需求[④]，才是法律人应当不遗余力追求之事。如果过度追求"解决行政争议"之立法目的，就易产生忽略审判、"和稀泥"之可能，未经审判的法无法发挥法律之规范功能。

---

① O. Bähr, Der Rechtsstaat（1864）S. 12，转引自［日］原田尚彦：《诉的利益》，石龙潭译，中国政法大学出版社 2014 年版，第 249 页。

② 孔繁华：《行政诉讼性质研究》，载《武汉大学学报（哲学社会科学版）》2009 年第 1 期，第 39－40 页。

③ 孔繁华：《行政诉讼性质研究》，载《武汉大学学报（哲学社会科学版）》2009 年第 1 期，第 38 页。

④ 周旺生：《法的功能和法的作用辨异》，载《政法论坛》2006 年第 5 期，第 115 页。

1. "解决行政争议"对于行政诉讼应作相对性解释

2014 年《行政诉讼法》修改，增加"解决行政争议"作为立法目的之一，同保证法院公正、及时审理行政案件，保护相对人合法权益，监督行政机关依法行使职权并列作为行政诉讼法的立法目的。后来，在最高人民法院《关于深化人民法院司法体制综合配套改革的意见——人民法院第五个五年改革纲要（2019—2023）》（法发〔2019〕8 号）中，最高人民法院对行政诉讼"解决行政争议"之期待上升到"实质性化解行政争议"之程度，实则超出了行政诉讼之承受范围。

行政诉讼审判程序之发动，务必由行政相对人提起，但程序一旦被启动，司法权在行政诉讼中并非始终处于消极之状态。[①] 例如，行政诉讼在事实掌握与程序推进方面具有十分浓厚的职权主义色彩。行政诉讼所涉之事件，攸关公益及行政机关是否依法行政，故而，在事实掌握方面，务求其符合"实质之真实"，而非以当事人不争执即可。另外，行政诉讼为求经济性与运营之顺利，除了起诉由原告提出，其他程序之进行原则上由法院指挥与支配，此乃行政诉讼之事实职权探知性与程序进行职权性的要求。[②] 如果以被告改变行政行为为对价满足原告诉求进而促使双方达成合意、终结诉讼并未达至法院对"实质之真实"之追求，不符合行政诉讼事实职权探知之特质，即使行政争议得以解决，法院在行政诉讼程序进行方面亦存在职权怠惰的情况。

既然行政诉讼程序之启动权利只由相对人享有，那么主张行政诉讼应当实现"实质性化解行政争议"就是荒谬的。因为何种程度是"实质性化解行政争议"，答案是不确定的。是否只要相对人提起上诉或申诉，法官即使作出公正裁判都不算是解决行政争议？相对人的满意度只是相对人

---

① 林莉红：《行政诉讼法》，武汉大学出版社 2020 年版，第 2－3 页。
② 蔡志方：《行政救济法新论》，元照出版有限公司 2007 年版，第 133 页。

的主观性判断，将主观性判断作为"解决行政争议"的评价标准，诉讼将永无终结之日。

2. 行政诉讼调解将阻碍"权利保护—监督行政"功能之实现

将行政诉讼调解作为落实行政诉讼解决行政争议的立法目的，曲解了行政诉讼法作为程序法律本身具有的定分止争之功能①，将阻碍行政诉讼法"权利保护"与"监督行政"之功能发挥，加剧行政诉讼法"解决行政争议"与"权利保护—监督行政"立法目的本身之张力。

主观诉讼与客观诉讼是大陆法系国家对行政诉讼进行的一种学理划分，各国立法根据其各自特质及功能结构设计不同的诉讼程序规则。② 原告资格、举证责任、审查要求等都可划归相应的主观诉讼或客观诉讼范畴，但行政诉讼调解制度无法划归于主观诉讼或客观诉讼范畴。民事诉讼中根据法院的审判权与当事人诉权的分配，存在当事人主义模式和职权主义模式的划分。后来有学者提出协同主义模式，认为审判权与诉权应当协同发挥作用。其实，当事人主义模式与职权主义模式都属于审判权与诉权的协同合作，只是基于每个国家民事诉讼任务的完成主要是基于当事人诉权的力量还是法院的审判权力量而将其称为当事人主义模式或职权主义模式。在行政诉讼上，亦有观点主张建立"协同行政诉讼模式"③，此种"第三条道路"与民事诉讼中有些学者提出的协同主义模式类似，并不属于独立的诉讼模式。

第一，行政诉讼调解强化了"解决行政争议"的目的，弱化了"保

---

① 一位曾在武汉市东湖新技术开发区法院实习的研究生反馈道：法官在庭审结束后会表达个人意见，对原告和被告分别给出下一步方案，有时还建议被告帮忙联系其他相关行政机关，尽量帮助原告。原告获得此种便利，顿觉高兴。此种操作使得法院与信访机构毫无二致。

② 马立群：《论客观诉讼与我国行政审判权的界限》，载《甘肃社会科学》2011 年第 1 期，第 195 页。

③ 参见梁潇：《试论"协同行政诉讼模式"在我国的建立》，载《河北法学》2013 年第 8 期，第 168 页。

护权利"与"监督行政"的功能。

2014 年《行政诉讼法》增加"解决行政争议"之立法目的，欲使司法活动考虑各方面的社会影响，服务于更加宏大的社会目标。这对作为维护社会公正最后一道防线的司法来说，无疑是重大且艰巨的。行政诉讼调解作为落实"解决行政争议"立法目的的一项制度设计，主要通过钝化矛盾、突破法律规则的方式缓和冲突，终至解决纠纷、结案了事。如果说"权利救济"体现行政诉讼的权利保护之价值，是行政相对人意欲追求之目的；"监督行政"体现行政诉讼客观法秩序维护之价值，是行政机关依法行使职权的内在要求；那么"解决行政争议"则体现对"稳定、息讼"之追求。有学者认为，"真正无私、公正的调解人在事实上是极为罕见的。或许他对双方当事人非常公正却极为偏袒他自己的利益，而这有时是以牺牲一方或双方当事人利益为代价"。[①] 伯尔曼曾指出，法律不仅是社会现象，还是心理现象，它以无政府状态为敌，不仅是一整套规则，也是人们进行立法、裁判、执法和谈判的活动，是分配权利与义务，并据以解决纷争、创造合作关系的活生生的程序，可以为社会提供维持其内部团结所需要的结构和完型。[②] 申言之，行政诉讼本身便具有定分止争之属性，立法增加"解决行政争议"之立法目的，作为行政诉讼法主动追求之目标并予以强化，行政诉讼调解制度的确立使"解决行政争议"演变为法院追求的一项固有利益，反而会导致行政诉讼"保护权利"与"监督行政"之功能弱化。

第二，行政诉讼调解将弱化原告之利益保护。

行政诉讼调解与我国《行政诉讼法》"解决行政争议"之立法目的遥

---

① P Gulliver: *Dispute and Negotiations: A Cross - Cultural Perspective*, Academic Press, New York and London, 1979, p. 217.

② 伯尔曼:《法律与宗教》，梁治平译，中国政法大学出版社 2003 年版，第 11 页。

相呼应。笔者认为，坦言之，"解决行政争议"只是行政诉讼客观存在的一项功能，不应当作为行政诉讼法的一项重要立法目的存在。并非解决纠纷不重要，而是增加"解决行政争议"会使法院不易保持完全中立之立场，不利于行政诉讼发挥"保护权利"与"监督行政"之功能。对于一些重要的纠纷而言，与一个更加名副其实的解决方案相比，如果速度更被看重，这种速度就可能以牺牲一方或双方当事人的利益为代价。[1] 双方当事人在纠纷过程中往往会寻求第三者的支持。为了获得第三者的支持，当事人会就自己主张的正当性对第三者进行说服。不容否认，很多情况下第三者自身对纠纷之结果具有固有利益。在此种情况下，第三者不顾当事人主张的正当与否而站到对实现自身利益最为有利的一方是有可能的。所以，第三者固有利益越小，第三者对于纠纷结局越具有中立性，获得其支持所需要的当事人主张的正当性就越重要。[2] 当行政争议被诉至法院，原告期待的不再仅仅是解决争议，而是希望法院审查行政机关行政行为的合法性进而保障自身合法权益。"当一位纠纷当事人决定将其个案提交给法官裁断时，他的起诉动机表明他拒绝令自己的权利主张服从于共享价值和目标或是同意某种中间立场。"[3] 与此相反，作为被告的行政机关出于对败诉的忌惮，会尽力向法院主张行政行为的合法性，或者期望行政争议能顺利解决。从这一角度出发，同意行政诉讼调解以达到纠纷解决，就会成为被告所追求的目的。另外，为尽快结案了事，适用诉讼调解以解决行政争议也会成为法院的固有追求。如此看来，法院追求诉讼调解、力图解决

---

① P Gulliver: *Dispute and Negotiations: A Cross - Cultural Perspective*, Academic Press, New York and London, 1979, p. 217.

② 棚濑孝雄：《纠纷的解决与审判制度》，王亚新译，中国政法大学出版社 2004 年版，第 12 页。

③ 米尔伊安·R. 达玛什卡：《司法和国家权力的多种面孔》，郑戈译，中国政法大学出版社 2015 年版，第 102 页。

行政争议属于趋利之操作，与被告潜在利益相吻合。法院的立场不中立，尤其是与被告的利益相吻合时，将会危及原告之利益保护。

第三，行政诉讼调解的过度强化不利于监督行政机关依法行政。

行政诉讼调解往往促使某一方或双方当事人放弃一定权利以达成合意，从而解决争议。但是，在司法实践中，过多的处分行为会降低侵害权益行为的机会成本，客观上将对这类行为产生鼓励作用。虽然权利的本质是不限制主体处分自己权益的可能，但理想的权利秩序决不把放弃权利作为权利行使的最佳方式。"依照实质公正的宗旨，司法者在司法过程中虽然不限制冲突主体的合法处分行为，但并不倡导这种行为，甚至不过多地为冲突主体提供实施这种行为的程序机遇。或许从另一个角度上看，这有可能损害权利主体行使权利的意志，但诉讼实质公正模式的立足本位是既定的法律秩序，而非个人权利。"①

允许部分不宜进行诉讼调解的行政案件进行诉讼调解，将不利于行政机关依法行政。因为在"解决行政争议"立法目的之下，法院的中立立场易受到行政机关的影响，容易偏帮某一方当事人。在涉及原被告权利主张截然相反的问题争议中，当法院敦促双方达成协议时，人们会认为法院是在施加压力促使某方当事人放弃依法应当属于他的东西。②

妥协还可能被视为对侵犯权利之行为的不充分阻遏。③ 就裁量权案件的诉讼调解而言，行政行为的适当性问题交由行政机关解决更为合适。在行政诉讼中，法院主持调解，出于解决纠纷之目的，行政机关往往会调整行政行为内容，例如降低行政处罚罚款数额，以满足原告期待进而终结诉

---

① 顾培东：《社会冲突与诉讼机制》，法律出版社 2016 年版，第 73 页。
② 米尔伊安·R. 达玛什卡：《司法和国家权力的多种面孔》，郑戈译，中国政法大学出版社 2015 年版，第 102 页。
③ 米尔伊安·R. 达玛什卡：《司法和国家权力的多种面孔》，郑戈译，中国政法大学出版社 2015 年版，第 102 页脚注。

讼。长此以往，行政机关在社会管理中可能更容易作出畸高的行政处罚，以应对行政相对人提起之诉讼，因为只要可以调解，行政机关就有改变行政行为却不必承担消极后果的机会。对行政机关而言，行政诉讼调解将演变为一项"稳赚不赔"的途径，行政诉讼监督行政机关依法行使职权之宏观目标亦将渐行渐远。

　　综上所述，行政诉讼作为一项司法救济手段，对其提出实质性化解行政争议的目标政策需要仔细构思其制度之完善。判断行政诉讼是否达到解决行政争议之目的，不能以当事人的满意度为评价标准。[①] 行政诉讼应当定位于"监督行政"，对于立法确定的行政诉讼"解决行政争议"之立法目的只能作相对性解释。这种相对性解释，应当以行政诉讼审查行政行为合法性为内容[②]，达到监督行政机关依法行使行政职权程度为限。

第二节　司法克制与司法能动之博弈

　　诉讼制度的建立是国家保障公民安全的表现。[③] 关于诉讼制度为谁而设计这一问题，就民事诉讼制度而言，存在私法维持说、权利保护说、纠

---

　　① 范伟：《"法官不得拒绝裁判"原则的逻辑再造：从绝对性到相对性》，载《政法论坛》2021 年第 1 期。

　　② 章剑生：《行政诉讼"解决行政争议"的限定及其规则——基于〈行政诉讼法〉第 1 条展开的分析》，载《华东政法大学学报》2020 年第 4 期，第 101 页。

　　③ "在社会里，公民安全主要赖以为基础的东西，就是把整个个人随意谋求权利的事务转让给国家。但对于国家来说，从这种转让中产生了义务，国家有义务为公民完成他们现在再也不许自己去完成的事情。"见威廉·冯·洪堡：《论国家的作用》，林荣远、冯兴元译，中国社会科学出版社 1998 年版，第 137 页。

纷解决说、程序保障说、权利保障说、多元说、搁置说等不同观点。① 这
些观点中，私法维持说、权利保护说、程序保障说等观点主要把法、权利
的实现作为诉讼的目的，认为国家建立审判制度是为保证实体法的内容得
到实现，司法权存在行使边界，法官只需从实现法的角度来处理纠纷即
可，不该过多地介入具体事务，表现了严格制约国家和法官权力的近代市
民理念。纠纷解决说、权利保障说等观点更倾向于为了真正解决纠纷而积
极支持法官的裁量或创制法的活动，与英美法系中的司法优越理念有共通
之处。② 这些观点的巨大差异实际上来源于对司法性质两种截然不同的
看法。

一、司法克制与司法能动之内涵

"司法克制"与"司法能动"是一对矛盾，二者具有统一性与斗争
性。申言之，没有"司法克制"，就无法凸显"司法能动"；没有"司法
能动"也无法凸显"司法克制"。司法能动主义是在美国司法语境下发展
起来的事物。美国联邦法院司法审查权力的扩张遭遇正反两方面观点的辩
论，反对的一方坚持传统的司法审查方式，代表司法克制主义观念；支持

---

① 权利保护说认为，民事诉讼的目的应当是保护社会成员的私法权利。私法维持说认为
民事诉讼制度的目的在于维护实体法所确立的私法秩序以满足社会整体的需要，此种观点是从
国家设立民事诉讼制度角度来考虑的。程序保障说从"正当程序"的观念出发，认为民事诉讼
的正当性来自其程序的正当，因此认为民事诉讼制度的目的在于"为实现当事人自律性的纷争
解决提供程序保障"。权利保障说从宪法上权利保障的角度阐述民事诉讼的目的，认为民事诉讼
的目的在于保障法律应予保护的利益、价值。多元说主张综合考虑运作者的国家和制度利用者
的国民双重立场，将纠纷解决、法秩序维护及权利保护都作为民事诉讼制度的目的。搁置说认
为关于目的之讨论过于抽象，没有多大实际意义，与其争论不休，不如"搁置"起来，将时间
和精力用于讨论更现实、更具体的问题。参见江伟：《民事诉讼法》，高等教育出版社 2007 年
版，第 6 页。

② 谷口安平：《程序的正义与诉讼》，王亚新、刘荣军译，中国政法大学出版社 2002 年
版，第 46 页。

的一方是现代司法审查方式，代表司法能动主义观念。虽然为美国司法语境下产生之物，司法克制与司法能动的探讨在我国的法学研究中也是适合的。

所谓司法克制主义，是指法院和法官在司法审判中保持谦抑姿态，具体而言，包括：对立法机关及其制定的法律规则、对行政机关应当保持尊重和谦抑姿态，远离立法功能；对含义明确的法律条文必须无条件遵守，对含义模糊的法律条文应采用严格主义的解释方法，不应掺入个人理解；对于自由裁量权的使用应当自我抑制，尽量避免介入存在争议的社会政治问题，以保持司法权的独立与安全。①

司法能动主义的基本宗旨在于"法官应该审判案件，而不是回避案件，并且要广泛地利用他们的权力，尤其是通过扩大平等和个人自由的手段去促进公平——即保护人的尊严。能动主义的法官有义务为各种社会不公提供司法救济，运用手中的权力，尤其是运用将抽象概括的宪法保障加以具体化的权力去这么做"②。具体而言，能动主义的司法审查观念可以表现在以下诸多方面。③

第一，法官在宪法解释的过程中，不应该受制宪者立法意图的限制，不管这种意图被理解为历史性期望或某种确定的语言含义。

第二，能动主义者倾向于更少强调必须绝对遵循先例，尤其在宪法实践方面。

---

① 亚历山大·M.比克尔：《最小危险部门——政治法庭上的最高法院》，姚中秋译，北京大学出版社 2007 年版，第 73 页。转引自程汉大：《司法克制、能动与民主——美国司法审查理论与实践透析》，载《清华法学》2010 年第 6 期，第 8 页。

② 克里斯托弗·沃尔夫：《司法能动主义——自由的保障还是安全的威胁》，黄金荣译，中国政法大学出版社 2004 年版，第 3 页。

③ 克里斯托弗·沃尔夫：《司法能动主义——自由的保障还是安全的威胁》，黄金荣译，中国政法大学出版社 2004 年版，第 3-7 页。

第三，能动主义者为获得重要而且必要的司法判决倾向于减少程序上的障碍。

第四，能动主义者并不那么顺从其他政治决策者，因为他们对法官自身的民主性质和能力有更深的感受，而对政府其部门则表现出更多的怀疑。

第五，能动主义者喜欢作出更广泛的裁定。

第六，能动主义者主张一种广泛的司法救济权。

有学者指出，描绘司法能动主义最妥帖的办法是考察法官对多数规则以及"政治部门"（立法和行政部门）所持的基本态度。如果一个法官认可多数规则以及政治部门的代表性，那么结果通常是司法克制；如果法官对多数规则以及政治部门的代表性持怀疑态度，那么一般采用的是司法能动主义。司法能动与司法克制的区别往往更多的只是程度上而非性质不同的问题。①

二、坚持司法克制主义之立场

司法的生命在于公正。有学者认为司法的真谛在于促进社会和谐，在于通过个别性解救普遍性。② 笔者赞同司法应当实现普遍正义，但是否能够保证每项个案都能实现朴素正义是不确定的。在某种意义上，促进社会和谐并非司法的真谛，而是国家、社会、个人共同致力于实现的目标。司法的真谛在于公正，目前在我国，司法追求公正应当坚持司法克制主义立场。

---

① 克里斯托弗·沃尔夫：《司法能动主义——自由的保障还是安全的威胁》，黄金荣译，中国政法大学出版社 2004 年版，第 3-7 页。

② 刘澍：《论司法之谦抑品格》，载《国家检察官学院学报》2007 年第 4 期，第 75 页。

（一）坚持司法克制主义立场之理由

基于我国特殊历史国情，我国司法应当坚持司法克制主义立场，理由包括如下两点。

1. 我国政体使然

《中华人民共和国宪法》规定，我国政体是人民代表大会制度。全国人民代表大会是我国最高权力机关，由其选举产生行政机关与司法机关。法院代表国家行使司法审判权，并不享有解释宪法的权力，亦不享有审查法律法规是否合宪的权力，对于一般规范性文件亦只拥有一定程度的审查权，主要是适用上的审查，不能受理和裁判。权力机关、政府、法院有各自的分工职能与权限，不是所有的部门都要变为民意吸纳和表达机构。人民民主应当主要通过权力机关来完成，法院主要负责个案审理，过于注重民意或效果的司法将会侵犯立法权。[①] "如果仅以司法过程的片段为剪辑对象，司法的功用就在于解决社会纠纷的命题并不为假。但是，放眼长远，考究司法之内部结构及其属性，则这种结论必然要得到修正。纵观古今，司法除了坐堂问案解决找上门来的个案纠纷外，它还在有意无意地树立某些纠纷的裁决标准，以迎合社会预测的心理需要。"[②]

2. 我国的形式法治有待加强

以法的正当性来源、权利观的道德立场等为出发点，法治大致可分为形式法治和实质法治。[③] 中国古代社会实行儒家礼法之治，近代社会我国倡导的法治观念亦偏向实质法治，普遍接受亚里士多德的良法之治和朴素的自然法理念，认为法律的效力来自内容的正义，并将道德、政治、经济

---

① 苏力：《法条主义、民意与难办案件》，载《中外法学》2009 年第 1 期，第 105－106 页。
② 刘澍：《论司法之谦抑品格》，载《国家检察官学院学报》2007 年第 4 期，第 75 页。
③ 郑春燕：《程序主义行政法治》，载《法学研究》2012 年第 6 期，第 13 页。

和社会条件作为法律的理论资源，反对将法律视为一个自我封闭的系统。形式法治主要贯彻法律的形式合理性，具体包含两层基本含义：一是依据抽象的一般规则处理具体问题，而不是具体情况具体处理；二是法律系统具有独立性和自主性，即规则的适用不受道德、宗教、政治或掌权者的意志左右。① 虽然如此，纯粹的形式法治仍然包含实质性内容，例如基本的人身安全、政治和财产权利，以对抗专制，而纯粹的"实质法治"却不一定能找到合适的载体进而实现一致性、稳定性和可预测性。

基于正义观念和社会实效性而对实定法产生怀疑，很容易导致对实定法的轻视，一个包含了过多实质内容的、负担过重的法治概念会使法治目的更难实现。② 缺乏明确统一的决策标准，以实践的常识、伦理、政策或宗教规范为决策标准，难以形成稳定的预期。"一个以实质正义为导向的官僚体系毕竟无法指望获得这样一种稳定的可预测性，以至于可以与一个采纳专家治理或法条主义决策模式的官僚体系在这方面一较高下。在一个由地位平等的外行官员们组成的机构中，这样一种稳定的可预测性也不会被认为是一项值得追求的目标。"③

目前，我国的法治实践被政治效果、社会效果不断影响，法律的执行存在向政治和现实妥协的现象，个别司法裁判甚至弃守"依法裁判"的底线，表明遵守和执行实定法的观念在我国并未得到彻底巩固。故而，我们要实现的法治其实是尊重普遍价值观的形式法治，它既和专制相对立，也和无政府状态对立。④ 我国的形式法治有待加强要求法院坚持司法克制主义立场。

---

① 陈林林：《法治的三度：形式、实质与程序》，载《法学研究》2012 年第 6 期，第 9 页。
② 张翔：《形式法治与法教义学》，载《法学研究》2012 年第 6 期，第 7 页。
③ 米尔伊安·R. 达玛什卡：《司法和国家权力的多种面孔》，郑戈译，中国政法大学出版社 2015 年版，第 37 页。
④ 陈林林：《法治的三度：形式、实质与程序》，载《法学研究》2012 年第 6 期，第 11 页。

（二）坚持司法克制主义立场的裁判进路

目前，实现形式法治是我国法治建设的主要奋斗方向，故而我国司法应当坚持克制主义立场。

达玛什卡讲到能动型司法与回应型司法的混合是可能的与常见的。[①] 我国也有学者指出形式法治与实质法治虽固守于法治天平两端，任何人讲法律都不能丢掉论证，不能丢掉道德与正义，二者的弊端甚至可以消解于方法论的融贯之中。[②] 这些其实都揭示了司法需要在纯粹的形式法治与纯粹的实质法治、在纯粹的司法克制与纯粹的司法能动中找到恰当的平衡点。我国因政体、文化历史国情的影响，这种平衡点应当坚持司法克制主义立场，以追求形式法治完善为主要奋斗方向。

对此，法条主义裁判进路可以采用。法条主义（legalism），既指一种对待法学研究的学术姿态，同时也指代法律方法或法律思维上的一种态度或立场，意在强调法官审理案件时必须受到法律之拘束，基于对法概念之解释和对法规范之逻辑推理而作出司法裁判。前者接近于法教义学或法解释学的意义；后者主要指代三段论的演绎推理。[③] 法条主义并非机械主义、教条主义、僵化主义、抽象主义的同义词，法条主义对法律体系采取开放性姿态，并且采纳诸如文义解释、历史解释、体系解释、目的解释、利益衡量、原则论证等方法来分析和澄清难题。利益衡量体现了现实主义法学的实用主义姿态。在追求形式法治完善为主要目标的情况下，法院应

---

① 参见［美］米尔伊安·R. 达玛什卡：《司法和国家权力的多种面孔》，郑戈译，中国政法大学出版社 2015 年版，第 119 页。

② 参见陈金钊：《魅力法治所衍生的苦恋——对形式法治和实质法治思维方向的反思》，载《河南大学学报（社会科学版）》2012 年第 9 期，第 78 页。

③ 孙海波：《"后果考量"与"法条主义"的较量——穿行于法律方法的噩梦与美梦之间》，载《法制与社会发展》2015 年第 2 期，第 174 页。

当依法裁判。当然可能存在疑难案件，法院协调或许在解决疑难案件中存在某些用武之地。但对于何为疑难案件，并不存在明确的标准，对此，审慎的能动司法或许可以成为法院"柳暗花明又一村"的选择。

（三）坚持审慎的能动司法

1. 能动司法

能动司法有四项较为明显的特征：（1）在司法的目的上，把社会目标的实现作为司法的追求，主张司法的一切活动都必须从属于社会目标的实现。（2）在司法的依据上，不把法条或先例当然地作为唯一的规范依据，而是充分考量案件关涉的多种价值、规则及利益，在各种价值、规则及利益中寻求平衡和妥协。（3）在司法的方式上，不机械地拘泥于某些形式，而是灵活便捷地适用各种方式方法。（4）在司法的姿态上，法官不是完全被动、消极地面对各项系争事务，而是从有效处理案件出发，自为地实施相关裁判行为。①

我国存在的能动司法主要与实用主义意义上的司法能动主义相重合，由于司法制度的差异，二者之间的重合有一定限度。

2. 推行能动司法的现实理由及制约因素

从法律固有的属性及局限来看，在中国式现代化的进程中，推行能动司法是现实的必然。法律具有稳定性，就伴有缺少灵活性的局限；法律具有可预测性，就伴有滞后性的局限。例如，我国地域广阔且发展不平衡，法律适用的对象、情境的差异甚大，法律的普遍性和统一性面临各种差异性的挑战。法律的固有属性及其附随的局限在中国"并联式"的现代化进程中，被一一呈现。

---

① 顾培东：《当代中国司法研究》，商务印书馆 2022 年版，第 100－101 页。

今后较长一段时间，我国处于"并联式发展"的中国式现代化进程中，法律所应对的社会日新月异，这将缩短法律的实际生命周期，修法的频率变快时常发生，例如《民事诉讼法》在十年间经历了三次修正。发展不平衡不充分的问题导致群体间社会矛盾冲突日益增多，国际局势错综复杂，意识形态领域存在不少挑战，[①] 这些问题的存在要求国家核心控制力进一步加强。在司法领域，即司法审判应当把党和国家的路线、方针、政策贯彻在实际社会生活中。简言之，服务于大局，服务于人民，司法审判必须要贡献一份力量。这成为推行能动司法的现实理由。

虽然我国社会的现实状况揭示出推行能动司法是应对现实的必然选择，但国家的性质、政体及社会现实状况同样制约着能动司法的推行。换言之，中国式现代化需要司法审判活动具备能动性，但能动司法容易在中国式"并联化"现代化进程中出现偏失，需要法律人引以为鉴。

第一，因对形式法治理念的坚持而排斥能动司法。形式法治与实质法治是两种不同的法治观念。形式法治所具有的相关原则、规则构成人们对法治的基本认知。当以追求更宏大的社会目标、服务大局的能动司法被提出时，它会对形式法治理念产生较大冲击。

第二，规则意识淡薄可能扭曲能动司法的本来面貌。近年，我国全面推进依法治国、建设社会主义法治国家，事实上，我国传统文化中人治因素影响较大，法治成为社会公众普遍而又深刻的社会信仰仍需时日。当规则意识尚未普遍形成，能动司法有可能会加剧人们对规则的漠视，从而产生不公平不公正现象。

第三，我国司法与政治的密切联系将加大能动司法中对社会目标的识

---

① 习近平：《高举中国特色社会主义伟大旗帜　为全面建设社会主义现代化国家而团结奋斗——在中国共产党第二十次全国代表大会上的报告》，载人民网：http://cpc.people.com.cn/n1/2022/1026/c64094-32551700.html，最后访问日期：2024 年 7 月 14 日。

别难度。司法审判活动在"为大局服务、为人民司法、为法治担当"政策指引下,如何确定哪些情形是司法审判应当服务的大局,又如何鉴别哪些利益是司法审判应当追求的人民利益,其难度不可小觑。[①]

第四,追求不同社会目标所产生的同案不同判,将加剧人们对司法不确定性的认知,司法公信力受到影响。"行政诉讼或者行政法官的最主要功能,不是解决数量庞大的行政纠纷,而是通过对典型行政纠纷的裁判,为其他纠纷解决提供处理样本,也为当事人自行解决纠纷提供合理预期,为行政机关执法提供镜鉴。"[②] 如果"镜鉴"多样,人们无所适从,"镜鉴"或将不能成为"镜鉴"。

第五,群体纠纷、多中心任务事件多发,司法审判解决能力有限,造成司法压力过大。在群体性纠纷解决、公共利益的维护方面,政府才是最佳解决者、维护者,行政权运作的主动性、持续性使之具有维护公共利益的天然优势。尤其在福利国家时代,现代行政的积极作用日益凸显,通过行政手段维护公共利益起主要作用,任何其他机构无法取代。诉讼手段在公共利益的公法保护机制中仅处于次要地位。[③] 能动司法的过多运用,将使司法系统承担过多责任,将导致司法任务繁重而不堪忍受。

3. 审慎的能动司法

司法不是万能的,有所不为方能有所为。社会需求决定了司法的供给。中国式现代化的进程刺激社会对司法供给的需求,要求司法具备更多能动性。但司法制度的供给能力受到国家政体、司法权本身的属性、纠纷的性质与结构、纠纷的复杂程度等因素的影响。司法不能超越自己的权限

[①] 顾培东:《当代中国司法研究》,商务印书馆 2022 年版,第 124 – 140 页。

[②] 耿宝建:《"泛司法化"下的行政纠纷解决——兼谈〈行政复议法〉的修改路径》,载《中国法律评论》2016 年第 3 期,第 230 页。

[③] 吴英姿:《司法的限度:在司法能动与司法克制之间》,载《法学研究》2009 年第 5期,第 122 页。

侵入立法、行政和社会自治领域；法官只能用法律而不是道德的逻辑论证裁判理由；面对复杂的专门技术领域，法官应当小心谨慎不发表外行意见；对自己的经验不过于自信等。这些是司法必须恪守的"边界"，也是司法机关应当坚持的态度。①

第一，正确理解司法所服务的"大局"，树立正确的大局观。详言之，司法实践中，不能将地方党政机关基于地方保护目的提出的要求理解为司法必须服务的"大局"，更不能将地方党政领导人为追求个人利益提出的要求也与"大局"相联系。在审理涉及群体纠纷、标的额大的案件时，应当在法律规定的范围内通过法律技术的灵活使用加以解决，不能为了顾及行政机关的面子，作出有悖于法律规则与原则的裁判。

第二，坚守维护社会公平正义的最后一道防线。根据法律作出正确的裁判是司法机关的权限职责所在。如果司法机关在事实认定、法律适用、文书说理方面没有瑕疵缺陷，但案件在社会上仍然产生不受其控制的消极影响，此时应当从其他方面进行反思，不能对司法提出超出其审判权限的要求。行政诉讼是维护社会公平正义的最后一道防线，更应发挥其防范行政行为违法、维护行政行为相对人的合法权利的作用。

弗朗西斯·培根曾言："一次不公的裁判比多次不平的举动为祸犹烈，因为这些不平的举动不过弄脏了水流，而不公的裁判则败坏了水源。"置身于中国式现代化的伟大进程中，司法审判支撑和服务中国式现代化责无旁贷。认清角色、依法裁判、坚守边界，审慎推进能动司法是审判工作现代化的底色，也是坚持司法克制主义立场的要求。

---

① 吴英姿：《司法的限度：在司法能动与司法克制之间》，载《法学研究》2009 年第 5 期，第 129 页。

第三节 "司法坚持法律效果和社会效果统一"命题之省思

作为一项司法政策，实现办案法律效果、政治效果和社会效果的统一，被视为评判司法活动优劣之标准①，也是近几年实务界频繁提及之追求。该项司法政策反映出实务部门对司法价值、法院职能之认识。在三项效果统一论出现之前，使用更多的是追求"法律效果与社会效果统一"两项效果统一之命题。坦言之，"司法追求法律效果与社会效果的统一"之命题存在概念使用上的混淆，折射出实务界司法理念之错位。以分析该命题为契机，澄清其中谬误，有助于剖析当下行政诉讼调解与行政诉讼裁判之关系，亦是正确把握法院职能、正视司法价值的必经之路。

一、"效果统一论"之内涵澄清

"效果统一论"最初如何提出，已无法考证，但时任最高人民法院副院长李国光于 1999 年提出"坚持办案的法律效果与社会效果相统一"之

① 例如：2020 年 10 月 24 日，最高人民检察院印发《关于全面履行检察职能依法服务和保障自由贸易试验区建设的意见》，提到要"树立服务保障理念，改进办案方式，努力实现司法办案的政治效果、社会效果和法律效果的有机统一"。参见最高人民检察院官网：https://www.spp.gov.cn/xwfbh/wsfbt/202010/t20201028_483246.shtml#1，最后访问日期：2024 年 2 月 18 日。2021 年 2 月 18 日，最高人民法院通过《关于深入推进社会主义核心价值观融入裁判文书释法说理的指导意见》（法发〔2021〕21 号），将"政治效果、法律效果和社会效果的有机统一"作为推进社会主义核心价值观融入裁判文书释法说理应当坚持的一项基本原则。参见最高人民法院官网：http://www.court.gov.cn/fabu-xiangqing-287211.html，最后访问日期：2024 年 2 月 18 日。

命题是较早之记录。他强调办案的法律效果与社会效果，无论从理论上还是从实践中，都应当是统一的，是由社会主义法律的性质决定的。① 此后，"调解优先、调判结合""能动司法"等司法理念被提出并贯彻至司法审判工作中，实务界亦频繁要求运用"效果统一论"指引司法裁判工作。

（一）概念之混淆

"法律效果"与"社会效果"作为单独的两个术语存在，本身没有问题，但在"坚持办案的法律效果与社会效果相统一"的命题中，如此使用则值得细究。

1. 将"效果"理解为主观性之追求

从词源意义上来看，《现代汉语大词典》对"效果"的解释是由某种力量、因素或行为产生的结果，与"动机"相对。② 申言之，"效果"是由某种力量、因素或行为产生的客观的、实然的结果，"动机"是主观的追求、期待。然而在"效果统一论"产生之初，实务工作者将"效果"理解为主观性之追求，偏离了其客观结果之属性。

2002 年，在全国法院民商事审判工作会议上，李国光副院长指出"审判的法律效果是通过严格适用法律来发挥依法审判的作用和效果；审判的社会效果则是通过审判活动来实现法律的秩序、公正、效益等基本价值的效果"。③ 实务界使用"通过……来发挥/实现……作用与效果"句式

---

① 参见李国光：《坚持办案的法律效果与社会效果相统一》，载《党建研究》1999 年第 12 期，第 5 页。

② 参见《现代汉语大词典》（下册），上海辞书出版社 2000 年版，第 2322 页。

③ 参见李国光：《认清形势　统一认识　与时俱进　开拓创新　努力开创民商事审判工作新局面　为全面建设小康社会提供司法保障——在全国法院民商事审判工作会议上的讲话》，载讼也网：http://ms.isheng.net/index.php?doc-view-3831-%E5%88%9B E6%96%B0，最后访问日期：2024 年 2 月 18 日。

来解释何为"法律效果"与"社会效果",并指出"法律效果"的内容是"法律和事实演绎推理、归纳推理和类比推理","社会效果"的内容是"化解矛盾,维护社会稳定,维护国家利益,维护社会正义和公德,保护市场主体的合法权益,保障审判结果可实现性和高公认度"。这反映了最高人民法院对司法机关应当依法审判、实现法的价值的要求与期许,是主观动机之表现。

此外,不少实务工作者、理论学者撰文将"效果"视为一种价值判断或者价值追求,从法理上分析,这实质上误解了"效果"之结果属性。例如,有观点强调法律效果就是依法裁判应当产生的有效结果①;有的观点认为法律效果是表层的较为直观的要求,它是衡量裁判的最低标准,是形式标准,社会效果是深层的甚至是终极性的要求,是实质标准②;也有观点认为"社会效果是指法官在进行利益衡量时,对可能效果的评估或对以往判例中'衡量效果'的估价与检讨"③;还有观点指出"就一个案件的诉讼过程而言,是否实现了两种效果的统一,归根结底是对诉讼过程的法律评价和社会评价的问题;如果两种评价都是肯定的、积极的,那么就是实现了法律效果与社会效果的统一"④。以上观点虽有一定的道理,但未清楚认识到"效果"属于客观结果,不属于主观性的动机或期许。由此观之,多数实务工作者与理论学者以主观性之"动机"填充"效果"之内涵,并未正确理解"效果"之含义,存在误用之嫌。

---

① 参见王晓琼:《利益平衡论与司法的艺术——立足于中国法治文化本土化的思考》,载《法学论坛》2005 年第 5 期,第 123 页。

② 参见杜月秋:《裁判的正当性基础:以法律效果和社会效果的相互关系为视角》,载《法律适用》2007 年第 3 期,第 40 页。

③ 胡玉鸿:《利益衡量与"社会需求"——诉讼过程的动态分析之一》,载《法商研究》2001 年第 3 期,第 59 页。

④ 李建明:《诉讼过程法律评价与社会评价的冲突》,载《法学评论》2007 年第 6 期,第 51 页。

2. 将"法律效果"与"社会效果"区别为两种不同的效果

"两种效果统一论"中将"法律效果"与"社会效果"区别为两种不同效果也存在不足。例如李国光强调"法律效果以法律和事实演绎推理、归纳推理和类比推理为主要内容；社会效果则以化解矛盾，维护社会稳定，维护国家利益，维护社会正义和公德，保护市场主体的合法权益，保障审判结果可实现性和高公认度为主要内容"。① 有观点认为法律效果是指法律在被付诸实施的过程中，对法律本身所产生的影响及结果；法律被付诸实施后，对社会产生的影响是社会效果。② 另有学者认为司法活动使程序法和实体法得到严格的遵守和执行是法律效果，对社会的推动和社会对司法活动的认同性是司法的社会效果。③ 也有观点指出法律效果是在法律规范射程之内的一种蕴含后果，而社会效果则是指一个判决事实上对于当事人和社会所可能产生的影响。④

实际上，法律效果是社会学法学理论学派研究的核心内容。社会学法学理论学派受威廉·詹姆斯的实用主义哲学的影响，着重研究法律制度和法律学说的实际社会效果以及取得这些效果所需要采取的手段，力争使法律目的——最大限度地满足人的需求和社会利益——更有效实现。⑤

---

① 参见李国光：《认清形势　统一认识　与时俱进　开拓创新　努力开创民商事审判工作新局面　为全面建设小康社会提供司法保障——在全国法院民商事审判工作会议上的讲话》，载讼也网：http://ms. isheng. net/index. php? doc - view - 3831 - % E5% 88% 9B% E6% 96% B0，最后访问日期：2024 年 2 月 18 日。

② 参见王学棉：《法律效果与社会效果的冲突及其补救》，载《华北电力大学学报（社会科学版）》1998 年第 1 期，第 47 页。

③ 参见张忠斌：《关于司法的社会效果内涵之评析》，载《甘肃政法学院学报》2003 年 12 月，第 24、29 页。

④ 参见孙海波：《"后果考量"与"法条主义"的较量——穿行于法律方法的噩梦与美梦之间》，载《法制与社会发展》2015 年第 2 期，第 169 页。

⑤ 参见［美］E. 博登海默：《法理学：法律哲学与法律方法》，邓正来译，中国政法大学出版社 2004 年版，第 152 - 156 页。孔小红：《庞德法律效果说初探》，载《社会科学》1987 年第 10 期，第 75 页。

我国法理学教科书提到"法的实效"概念,即法为了实现其目的而调整社会关系所产生的实际效果,表现为法被实际执行、适用和遵守。[1]

法律效果是指法律的价值、社会目的或社会功能获得实现以及实现的程度。它往往被用来衡量法律的社会目的是否得以实现、法律是否实现了立法者所追求的价值。法律效果的内容是多方面的,既可体现为法定权利的行使、义务的履行,或者法定利益的实现,也可体现为经济、政治、社会文化事业的发展,或者安全、秩序、自由、公正、公共福利等价值的实现。[2] 故而,法律实施所产生的社会作用与效果就是法律效果。因此有学者认为,法律效果指的就是法律实施的社会效果,不可能有脱离社会的所谓法律效果。[3]

由此可以看出,对于法律的实施,并没有所谓的法律效果与社会效果之区分,法律实施产生的社会效果就是法律效果。在此意义上,"两项效果统一论"将法律实施产生的社会作用、效果人为地割裂为"法律效果"与"社会效果",实乃对概念之误用。

(二) 超出边界的司法理念

在"两项效果统一论"混淆"法律效果""社会效果"等概念之背后,折射出超出边界的司法理念。

1. 将主观想象与评判代替客观事实

"效果"是由某种力量、因素或行为产生的结果,具有事后性、客观性、实然性。"动机"是由特定需要引起、满足各种需要的特殊心理状态和意愿,具有预测性、主观性、评判性。上文已述,主张办案应当坚持法

---

[1] 参见卓泽渊主编:《法理学》,法律出版社2004年版,第218-219页。

[2] 沈宗灵主编:《法理学》,北京大学出版社2000年版,第469页。

[3] 陈金钊:《被社会效果所异化的法律效果及其克服——对两个效果统一论的反思》,载《东方法学》2012年第6期,第46页。

律效果与社会效果相统一，实际上是将"效果"等同于"动机"，实乃混淆了"实然"与"应然"、"客观"与"主观"、"事实判断"与"价值判断"之区别。欲以"应当是这样"代替"事实就是这样"。

社会学法学作为一门交叉学科或者一种研究方法，是将法律视为一种社会现象，用社会学的方法，诸如统计、调查、观察、分析、实验、比较的手段来研究法律，获取法律在解决社会问题中的实际效果。[1] 易言之，法律后果是法律实施之后产生的客观结果。在法律实施之前，人们无法知晓法律实施产生之确切效果。提倡两种效果的统一，则使法院在行政诉讼裁判中，超越司法的固有规定，渗入更多主观考虑，易于使客观事实的解读引入过多主观色彩。

2. 主观期许导向之裁判

实现社会正义，是法律人孜孜不倦、不懈努力追求之价值目标。最初，社会流行实质正义观，认为只要结果是每个人得到了他应当得到的或同等情况下的人们都得到了同等对待，就是实现了正义。即，只要结果正确，无论采取何种过程、方法或程序都无所谓。然而事实证明，纷繁复杂的现实社会并不都存在决定结果是否合乎正义的某种标准，程序的不同也会导致结果发生重大变化。于是人们开始关注程序存在的理由以及区分合乎正义与不合乎正义的程序。

社会事务的复杂性导致社会公正很难通过完善的程序正义实现，因为并不像切分蛋糕那样简单。于是人们开始妥协，退而求其次，选择"纯粹的程序正义"。暂且不管结果是否合乎正义之标准，而是不断地改善程序，使程序实现科学，通过严格遵守程序规则，追求结果正义。[2]

---

① 参见林燕萍：《浅谈法律的社会效果》，载《上海大学学报（社科版）》1988年第6期，第23页。

② 参见［日］谷口安平：《程序的正义与诉讼》，王亚新译，中国政法大学出版社2002年版，第3页。

后来，司法审判普遍以程序的正确来支持结果的妥当性。英美法系中，审判结果是否正确并不以某种外在的客观标准加以衡量，而以充实和重视程序本身以保证结果获得接受作为其共同的精神实质。①

以主观期许为导向之裁判模式，如果忽视规则与程序的适用，无助于实现民主法治，是司法理念超出边界之表现。

二、"效果统一论"之潜在影响

在澄清"效果统一论"概念之后，笔者发现，我国"效果统一论"之司法政策，将主观想象与评判代替客观事实，主张以主观预设结果为导向进行司法裁判，此种裁判进路易产生司法审判的危机。

（一）过多掺杂法外因素，裁判的公正性将遭受质疑

"效果统一论"主要以预设的结果为导向进行司法裁判，此种裁判进路在思维方式上奉行具体问题具体分析的结果决定论，以实质主义法治理论为哲学基础，最大的问题在于忽视法律以及法律的可预测功能。② 法院依规则裁判，人们通过知晓法律规定可以预测法院裁判。与之相反，"效果统一论"在司法政策之下的裁判，即使人们提前知晓法律亦无法预测裁判。因为"效果统一论"坚持办案的法律效果与社会效果相统一，究竟两种效果是什么效果，没有具体的、明确的可视化标准，人们无法明确知晓。法官的情绪、个人利益、直觉预感、偏见或者其他非理性因素都有可能被掺杂进具体案件的裁判过程中。这有些类似杰罗米·弗兰克

---

① 参见［日］谷口安平：《程序的正义与诉讼》，王亚新译，中国政法大学出版社 2002 年版，第 5 页。

② 参见陈金钊：《被社会效果所异化的法律效果及其克服——对两个效果统一论的反思》，载《东方法学》2012 年第 6 期，第 57 页。

（Jerome Frank）提出的激进的法律现实主义观点，即法院的判决是极为不确定的①，故而人们虽能知晓法律但无法预测裁判。当法官不依据规则进行裁判，而是依据一些不明确的"效果"进行判案时，裁判的公正性将遭受质疑。这种掺杂了法外因素的裁判，因为法律因素被淡化，容易产生任意决断的审判现象。

（二）容易造成立法与司法之对立

如果按照"效果统一论"原本之立意②，要求坚持二者之统一，那么其潜在意蕴则视法律效果与社会效果是对立的。换言之，以综合法律与事实的演绎推理、归纳推理和类比推理为主要内容的司法裁判并不必然具有维护社会稳定、化解矛盾、维护国家利益、实现社会正义、获取高公认度之功能。如果司法裁判是依据法律作出，却不具有后者所蕴含之内容，则所依据的法律实行恶法，会造成司法与立法对立、水火不容之局面。如果是立法本身之问题，断然不是要求司法坚持效果统一进行裁判就能解决的。如果立法属于恶法，仍要求办案坚持"效果统一论"，司法将陷于进退维谷之地：依法裁判了，产生不了积极效果；不依法裁判，有篡夺立法权之嫌疑，将受未依规则裁判之诟病。在这种进退两难之时，司法举步维艰。

（三）容易造成贬抑法治、危害社会正义之后果

党的十八届四中全会通过《关于全面推进依法治国若干重大问题的

---

① 参见〔美〕E. 博登海默：《法理学：法律哲学与法律方法》，邓正来译，中国政法大学出版社2004年版，第163-164页。

② 原本立意认为法律效果主要是以法律和事实演绎推理、归纳推理和类比推理为主要内容；社会效果则以化解矛盾，维护社会稳定，维护国家利益，维护社会正义和公德，保护市场主体的合法权益，保障审判结果可实现性和高公认度为主要内容。

决定》，要求依法治国、公正司法，此后，全面推进法治国家建设成为中国社会发展的重要目标之一。然而"效果统一论"主张以效果指导裁判，偏向情景思维与具体问题具体分析，往往还会附加社会舆论、道德伦理、非法干预等人为因素。[①] 法外因素渐强，会削弱依规则裁判，与这崇尚法治、依法治国之方略格格不入。当法院判案适用"效果统一论"，以预设之结果指引裁判，人们虽可预知法律但无法预知裁判结果，司法裁判若欠缺公正性，则司法权威首当其冲。司法权威受损，司法维护社会正义之公信力将大打折扣，长此以往，依法治国之理念必然遭到贬低与抑制。

三、"效果统一论"之适当取舍

法律效果是作为社会学实证统计方法评估之客观结果，用来促进立法之完善、改进，更有利于发挥法之功能。司法机关不宜直接以实现某种效果为理由进行裁判，否则将突破依法裁判，割裂立法、司法一脉相承之关系。对此，司法机关应当适当取舍"效果统一论"之司法政策，恪守被动司法下积极司法之理念、遵循法条主义的裁判进路。

（一）被动司法下的积极司法

"被动"与"主动"相对，"积极"与"消极"相对，"能动"与"克制"相对。结合我国转型社会之现实，从司法权性质出发，司法机关应当秉持被动司法下积极司法之理念。

1. 司法权的被动性

司法权的被动属性是在与行政权作比较中得出的属性。单从权力内容

---

① 参见王发强：《不宜要求"审判的法律效果与社会效果统一"》，载《法商研究》2000年第6期，第25页。

角度来看，行政权是管理权，司法权是判断权。^① 从权力内容的属性来看，行政权是主动性权力，司法权是被动性权力。作为管理性的行政权，其主要任务在于管理社会秩序、维持社会稳定，提供物质力量。一个不提供秩序与物质力量的政府不是称职的政府。故而，行政权总是积极主动地干预人们的社会活动和个人生活，具有服务功能。^② 与之不同，司法权的第一特征在于对案件进行裁判。^③ 通过裁判确定案件是非曲直是司法的任务，判决作为一种"认识"，不容许在是非真假问题上用命令手段插手干预。^④ 判断是非曲直的任务，内在要求司法权是被动性权力，即，司法权只有受到请求，才能采取行动。^⑤ 在托克维尔看来，司法权的被动属性虽不如争讼判断与个案审理这两个特征普遍，但属于最为重要的特征。"从性质来说，司法权自身不是主动的。要想使它行动，就得推动它。向它告发一个犯罪案件，它就惩罚犯罪的人；请它纠正一个非法行为，它就加以纠正；让它审查一项法案，它就予以解释。但是它不能自己去追捕罪犯、调查非法行为和纠察事实。如果它主动出面以法律的检查者自居，那它就有越权之嫌。"^⑥

此外，行政权的管理权性质要求行政官员应尽力从公共利益中寻找最适当、最有利的方案；而司法权的判断权性质要求法官尽力从法律规则和原则中寻找正确答案。即使存在灰色地带，即有时法院也会以公共利益为导向寻找最佳方案，但法官和行政官员的思维方式基本不同。法官的思维路径具有客观性，受到他对法律理解的指引；行政官员的思维路径则具有

①　孙笑侠：《程序的法理》，社会科学文献出版社 2017 年版，第 111 – 113 页。
②　叶必丰：《行政法的人文精神》，北京大学出版社 2005 年版，138 – 142 页。
③　托克维尔：《论美国的民主》，董果良译，商务印书馆 1991 年版，第 110 页。
④　拉德布鲁赫：《法学导论》，米健、朱林译，中国大百科全书出版社 1997 年版，第 101 页。
⑤　徐显明：《法理学》，中国政法大学出版社 2007 年版，第 142 页。
⑥　托克维尔：《论美国的民主》，董果良译，商务印书馆 1991 年版，第 110 – 111 页。

经验性，受制于行政的便利主义。①

2. 积极司法

与文章此处欲表达之"积极司法"概念不同，我国司法实务界与理论界使用更多的是"能动司法"。在 2008 年金融危机前后，我国司法实务界提出"能动司法"的司法政策，希冀各级法院在世界金融危机、国家社会转型时期，积极进取、有所作为。一是要求司法机关响应中央保增长、保民生、要稳定的号召，动员各级法院最大限度地发挥司法职能，积极运用司法手段促进经济社会发展。二是希望司法机关充分发挥能动性来维护社会稳定。21 世纪初，我国加入 WTO，加快了我国从计划经济体制向市场经济体制转型之节奏。在社会转型时期，社会主体利益高度分化，甚至"碎片化"，价值观多元，社会关系日趋复杂，导致各种矛盾冲突不断，纠纷频发，诉讼案件数量快速增长。国内司法实务界和理论界大多赞同充分发挥司法机关之能动性，以便积极应对经济社会领域出现之各类问题，为经济社会发展提供强有力的司法服务与保障，促进社会和谐稳定。

然而，能动司法或司法能动主义（judicial activism）是源自美国特定历史语境的概念，指的是在宪法案件中由法院行使"立法"权。② 美国的司法能动主义并非骤然形成，而是经过了长时期特定历史环境与事件发展而来的。美利坚合众国成立之初，对于法院权力奉行司法保守主义。后来"马伯里诉麦迪逊案"使美国联邦最高法院获得了对国会立法和州立法在合宪性问题上的司法审查权，司法权得到实质性扩张。20 世纪 30 年代，美国爆发波及全球的经济危机，在罗斯福新政期间，美国联邦最高法院的司法审查权进一步扩大。20 世纪 60 年代，以首席大法官沃伦为代表的美

① 参见［英］威廉·韦德、［英］克里斯托弗·福赛：《行政法》，骆梅英、苏苗罕等译，中国人民大学出版社 2018 年版，第 29 页。

② 参见［美］克里斯托弗·沃尔夫：《司法能动主义——自由的保障还是安全的威胁》，黄金荣译，中国政法大学出版社 2004 年版，第 51 页。

国联邦最高法院多数派法官坚持自由主义的司法理念，在反对种族歧视、保障言论和集会自由、堕胎、宗教信仰自由以及保护刑事被告人的人权等许多问题上通过相应判决推翻并创造了大量法律，司法能动主义的观念与实践在美国发展到高峰。① 美国能够发展司法能动主义，与美国本身三权分立制衡的政治体制有莫大关联，也是美国两党轮流执政模式的产物。例如，在布朗诉教育委员会案（Brown v. Board of Education）中，公平对待的要求使美国联邦最高法院为了政治而抛弃了法律。② J. 哈维·威尔金森大法官也写道：布朗案可能是 20 世纪美国历史上最重要的政治、社会和法律事件，它的伟大在于它谴责不正义的暴行，在于它挑战坚不可摧的情感，在于它创造和推翻了大量法律。③ 不过，司法能动主义在美国国内亦备受质疑、充满争议。④ 我国与美国的国情截然不同，产生于美国特定历史环境下的司法能动主义并不适合我国。

有学者主张用"积极司法"的概念来表述和刻画我国司法在社会转型时期的一般功能形态。在我国语境下，党和国家希望在立足国家治理和社会发展需要中，在服务大局的理念下圆满履行司法职能，体现司法积极作为、"有为才有位"的含义。⑤ 笔者认为用"积极司法"概括党和国家希冀司法机关发挥的功能形态比较恰当。"积极司法"与"消极司法"相对，无论是否在国家与社会转型的特殊时期，司法机关都应当摒弃机械审

① 张志铭：《中国司法的功能形态：能动司法还是积极司法？》，载《中国人民大学学报》2009 年第 6 期，第 38 页。

② 小卢卡斯·A. 鲍威：《沃伦法院与美国政治》，欧树军译，中国政法大学出版社 2005 年版，第 40 页。

③ 小卢卡斯·A. 鲍威：《沃伦法院与美国政治》，欧树军译，中国政法大学出版社 2005 年版，第 23 页。

④ 肯尼思·F. 沃伦：《政治体制中的行政法》，王丛虎等译，中国人民大学出版社 2005 年版，第 449–452 页。

⑤ 张志铭：《中国司法的功能形态：能动司法还是积极司法？》，载《中国人民大学学报》2009 年第 6 期，第 40 页。

判式的"消极司法",而应当以积极应对的精神状态行使司法权。不过，坚持"积极司法"应当在坚持司法权被动性的前提下运作，遵循依规则裁判。

（二）法条主义裁判进路

德国法学家拉德布鲁赫有言，法律规范一旦被创制，就将出现显著转变——它是因为一个目的而被创制，却不是为此目的被适用，而是纯粹地为着其自身存在的目的被适用。不仅如此，只要它真正服从于这个目的，就注定是无条件的。立法者往往通过制定法律实现一定的目的，法律规范是立法者达到目的之工具。但对法官而言，法律规范则是目的本身。忠实于法律是法官的职责与使命。在法官的世界中，法律是神圣的，不能受到异物的侵入。同时，为使法官绝对服从法律，法律也将法官从所有国家权力的影响之中解脱出来。[1] 此番言辞意在表明法官应当忠于法律，准确适用法律规则就是法官行使司法权的目的。

"效果统一论"的提出，其潜在意思是法官仅按照法律条文蕴含的法律规则裁判案件不足以解决社会问题，认为"法条主义"是"机械司法"的代名词。此实乃对法条主义的误解。法条主义本身及其所对应的法律实践本身是富有内在弹性的。这种"富有弹性"，并非指法条主义者需要"灵活地"（"反概念""反机械"）研究法律，并非指法律实践者需要"灵活地"（运用法官自由裁量权）适用法律，而是指在法条和概念本身，法条主义者和法律实践者可以展开具有开放性的法律研究与运用。[2] 申言之，"法条主义可以通过法条式的内部争论，促进概念、规则以及原则在

---

[1] 拉德布鲁赫：《法学导论》，米健、朱林译，中国大百科全书出版社1997年版，第100页。

[2] 刘星：《怎样看待中国法学的"法条主义"》，载《现代法学》2007年第2期，第55页。

法律适用过程中的解释，使法律制度仍然以'法律本身'的名义而非其他'政治需要''道德期待''情理要求''自由裁量'的名义去适应社会现实，化解所谓的'冲突脱节''不相适应'"。① 遵循法条主义裁判进路，让任何一种法律方法的运用均有助于法律规范的适用，以保证案件最终的裁决是以法律名义或基于法律因素作出，由此确立司法裁判之正当性，增强司法权威，提升司法公信力才是正确路径。

2021 年 1 月 19 日，最高人民法院通过《关于深入推进社会主义核心价值观融入裁判文书释法说理的指导意见》②，要求人民法院将社会主义核心价值观融入裁判文书的释法说理，将其作为理解立法目的和法律原则的重要指引，作为检验自由裁量权是否合理行使的重要标准。从某种程度上，这仍然坚持的是"效果统一论"司法政策下主观预设结果导向之裁判进路。裁判文书的释法说理应当重视逻辑推理在法律解释和法律适用过程中的作用，阐明如何利用三段论推导出案件结果，比起将社会主义核心价值观引入裁判文书释法说理，更重要的是将社会主义核心价值观的理念融入立法活动，使法律规则在诞生之初就体现着社会主义核心价值观之朴素理念。对于疑难案件（新情况、新问题），法律规则尚未明确规定，法官即使运用社会主义核心价值观，亦应当使裁判以正确的法律逻辑推理展现，不至于使个人主观因素被掺杂进案件裁判之中。

总而言之，"效果统一论"从法理分析上是否为一项符合法治原则的司法政策值得商榷。在该项政策中，不仅存在概念之混淆，亦折射出司法理念之偏移。用主观想象与评判代替客观事实，以主观预想之结果为导向指引司法裁判，容易使审判过程掺杂诸多法外因素，使裁判公正性遭受质

① 刘星：《怎样看待中国法学的"法条主义"》，载《现代法学》2007 年第 2 期，第 56 页。
② 参见最高人民法院：《关于深入推进社会主义核心价值观融入裁判文书释法说理的指导意见》（法〔2021〕21 号），载最高人民法院官网：http://www.court.gov.cn/fabu-xiangqing-287211.html，最后访问日期：2023 年 2 月 18 日。

疑。除此之外，"效果统一论"的过度强化将使法官陷入进退维谷之境地，不可避免地造成司法与立法之对立，更有甚者，可能导致违背法律规则、贬抑法治、危害社会正义的不良后果。从理性角度而言，司法实务界应当适当取舍"效果统一论"之司法政策，坚持被动司法下积极司法之理念，同时遵循法条主义裁判进路，对强化被削弱的规则治理具有积极意义。

本章小结

本章主要剖析与行政诉讼调解制度相关的重要理论。首先是关于行政诉讼的价值定位。镶嵌在行政诉讼制度之内的行政诉讼调解，其扮演的角色与运行应当与行政诉讼之价值定位相契合。行政诉讼作为一项司法救济手段，对其提出的实质性化解行政争议，应当定位于"监督行政"，不能以当事人满意度为评价标准。对于立法确定的行政诉讼"解决行政争议"之立法目的只能作相对性解释。这种相对性解释，应当以行政诉讼审查行政行为合法性为内容，达到监督行政机关依法行使行政职权程度为限。

其次，阐释了司法克制与司法能动之博弈。司法能动主义是在美国特殊司法语境下发展起来的事物。其基本宗旨在于法官应当审判案件，而不是回避案件，并且要广泛地利用手中之权力，尤其是通过扩大平等和个人自由的手段去促进公平。根据司法能动主义产生之特殊背景与我国国情，我国司法应当坚持司法克制主义立场。

最后，以反思"效果统一论"为契机，印证我国法院应当坚持司法克制主义立场之观点。"效果统一论"在法理分析上不是一项符合法治原则的司法政策。在该项政策中，不仅存在概念之混淆，亦折射出超出边界的司法理念。用主观想象与评判代替客观事实，以预想之结果为导向指引司法裁判，容易使审判过程掺杂诸多法外因素，使裁判公正性遭受质疑。除此之外，"效果统一论"将使法官陷入进退维谷之境地，不可避免地造成司法与立法之对立，更有甚者，可能导致违背法律规则、贬抑法治、危害社会正义的不良后果。从理性角度而言，司法实务界应当适当取舍"效果统一论"之司法政策，坚持被动司法下积极司法之理念，同时遵循法条主义裁判进路，对强化被削弱的规则治理具有积极意义。

第五章

我国行政诉讼调解之应然角色与运行边界

目前在保护权利、监督行政、解决行政争议共存的行政诉讼立法目的格局中，调解在行政诉讼中的应然角色并不明朗，大有削弱司法裁判规则功能之趋势，对增强司法公信力十分不利。结合上文我国行政诉讼调解的立法与实践现状、域外制度比较、相关理论分析，在审视行政诉讼调解与行政诉讼裁判关系之前提下，可以进一步明确我国行政诉讼调解的应然角色与运行边界。

第一节　我国行政诉讼调解与行政诉讼裁判关系之审视

对于法院利用调解审结行政案件，章剑生教授曾经提出疑问，"被告行政行为违法性问题如何在'合法性审查'之下得以消解，满足原告'诉讼请求'的条件是否符合'合法性审查'的要求"?① 又或者，被告

---

① 章剑生：《行政争议调解的"能"与"不能"》，载《中国社会科学报》2020 年 6 月 5 日第 5 版。

改变行政行为以满足原告诉求进而以调解终结诉讼之运作方式是否符合人民法院依法审判之宗旨？这归根结底是有关行政裁判与诉讼调解之关系问题。苏力也言，即使在目前强调大调解的背景下，也仍要注意保持消极与能动、判决和调解的平衡。[①] 笔者认为，"判决和调解的平衡"并非势均力敌，而应当是在明确判决与调解各自角色下的有所为、有所不为。

一、调解与行政诉讼裁判特质之差异

调解作为"类法律式"的冲突解决手段，是介于冲突主体自决、和解与法院诉讼裁判的中间形式。[②] 调解讲究纠纷当事人自愿处分权利，以致达成合意，这是调解的核心属性。诉讼具有强制性、依法裁判之特性。对于行政争议而言，行政机关作为公权力主体，不得随意处分权力，而且行政诉讼应坚持行政行为合法性审查之基本原则，行政诉讼裁判不仅负有保护权利之功能，还负有监督行政、确认规则之功能。调解与行政诉讼裁判之特质存在明显差异。

（一）自愿性与行政法律关系不平等之矛盾

自愿达成协议反映了调解的本质属性。调解意在促使当事人双方自愿达成协议。然而在行政诉讼中，双方当事人自愿达成协议以解决纠纷之"自愿"的真实性比起民事诉讼调解中之"自愿"的真实性要低得多。这源于行政机关与行政相对人行政法律关系不平等之缘故。行政机关与行政相对人作为行政争议之双方当事人，行政机关享有公权力，是社会管理者，行政相对人是被管理者，行政管理法律关系不平等。在法律地位本身

---

① 参见苏力：《关于能动司法与大调解》，载《中国法学》2010 年第 1 期，第 8 页。

② 参见顾培东：《社会冲突与诉讼机制》，法律出版社 2016 年版，第 37 页。

不对等的行政法律关系中，自愿达成协议往往并不真实。

（二）合意性与合法性审查要求之区别

调解作为解决纠纷的一项重要手段，主要通过促使当事人达成合意以消弭冲突。然而行政诉讼以审查行政行为之合法性为基本原则，既具有保护相对人合法权益之功能，也肩负监督行政机关依法行使职权之使命。比起民事司法裁判，行政诉讼裁判肩负了更多的审查职责。例如，为了避免行政机关利用社会管理者身份胁迫相对人撤诉，而架空相对人的权利，行政诉讼对待原告诉权处分要比民事诉讼作更为严格、更趋实质的审查。[①]

民事案件的法院调解中，当事人双方为平等之民事主体，尚且存在个别"压调""不自愿"的不法情形，更何况行政机关与行政相对人之间本身属于管理与被管理的状态，行政法律关系不平等，故而在行政诉讼中，行政行为合法性审查是法院行政司法审判权应有之内容。调解之合意性与行政诉讼坚持行政行为合法性审查之要求存在本质区别。

（三）调解保密与权力运行公开之矛盾

调解最初是作为民事纠纷之解决机制产生。由于民事纠纷往往牵涉个人隐私与商业秘密，于是具有保密性，调解过程与调解协议也附带被打上保密印记。但是行政争议是行政机关在行使行政管理权时与行政相对人发生之争议，行政权属于公权力，应当公开运行，接受司法监督。调解之保密性与行政权公开运行、接受审查与监督之要求就显得格格不入。

---

① 蒋成旭：《行政诉权处分的司法审查——以行政审判中的息诉承诺为例》，载《法学家》2019 年第 5 期，第 53 页。

（四）处分性与行政机关欠缺处分权之区别

在民事纠纷中，作为民事主体的当事人对自身权益具有处分权，在效率与公正可能无法兼顾的情况下，处分（放弃）一定权利而选择自己更加重视之利益完全具有正当性。这是调解得以运作之前提。不同的是，行政机关作为行政争议的当事人，其行使行政权之目的在于管理国家并为公共利益服务。这是其职权亦是其职责，行政机关不能放弃行政权。行政机关可以选择的是行使行政权之方式，即是以高权行政实现或是与行政相对人签订行政契约实现。在我国，行政机关处分行政权之方式应当依据法律具体规定。故而，行政争议的解决通常是依据法律规定，由法定机关进行监督、审理而非调解。

（五）妥协性与行政诉讼确认规则功能之区别

如何实施调解，因地因案因人而不尽相同。这是调解具有灵活性、随机性之体现，这种灵活性与随机性、妥协性相伴。行政诉讼裁判遵循法律规定实行同案同判，具有机械性、可预测性，这种机械性与可预测性具有规则确认功能。

有学者指出社会冲突"解决"之内涵应当是多层次主观效果的综合体，包括冲突得到化解和消除；实现合法权益和保证法定义务之履行；法律或统治秩序的尊严与权威得以回复。[①] 在调解中，调解人往往不运用现有的法律规范来解决双方之间的冲突，而是针对冲突双方提出的观点和要求策划妥协与和解的办法。[②] 故而，调解追求速度与效率，追求比较迅速

---

① 顾培东：《社会冲突与诉讼机制》，法律出版社 2016 年版，第 29 - 31 页。

② ［英］罗杰·科特威尔：《法律社会学导论》，潘大松、刘丽君等译，华夏出版社 1989 年版，第 239 页。

地解决冲突、消弭对抗。为了实现这一效果，可能以牺牲一方或双方当事人利益为代价，如此长期发展，终致损害法律规则与原则。①

与调解不同，诉讼在化解冲突主体情绪和心理对抗的作用不突出，在维护当事人合法权利以及实现强制义务、维护统治、法律秩序尊严方面的效用却为其他手段所不及。② 审判是法院和法官依据法律解决具体纠纷的过程，审判权威构成司法权威的核心内容，判决权威又是司法权威最直接的表现形式。公众往往通过法院依法判决感知司法权威。③ 在全面推进我国法治建设的历史进程中，个案审判的法治化意义已经超越了解决具体纠纷这一传统司法功能的定位，法院在个案审判中对规则确认的司法功能不断凸显。④

二、美好愿景：发挥作用之协作

立法者确立行政诉讼调解制度，允许行政诉讼调解与行政裁判共同存在于行政案件的审判程序中，希冀二者彼此协作，充分发挥行政诉讼法之作用，实现行政诉讼制度之功能。

（一）立法目的之共存

立法目的是立法者在制定法律时主观上期望该部法律在将来的实施中所起的作用。⑤ 1989 年《行政诉讼法》规定了保证法院正确、及时审理行

---

① 顾培东：《社会冲突与诉讼机制》，法律出版社 2016 年版，第 40 页。
② 顾培东：《社会冲突与诉讼机制》，法律出版社 2016 年版，第 45 页。
③ 王国龙：《裁判理性与司法权威》，载《华东政法大学学报》2013 年第 4 期，第 69 页。
④ 王国龙：《严格司法的规则确认功能及其法治意义》，载《法律方法》第 23 卷（2018 年第 1 期），第 263－264 页。
⑤ 林莉红：《行政诉讼法学》，武汉大学出版社 2020 年版，第 22 页。

政案件，保护相对人合法权益，维护和监督行政三重立法目的。对此，理论界除了建议删除"维护"行政机关依法行使职权之表述，主要就增加"解决行政争议"立法目的提出修改完善建议。

有观点主张立法应当增加"解决行政争议"的目的，认为行政争议的存在是诉讼程序的启动动因，解决行政争议是人民法院的根本任务，正确及时审理案件最终要落实到解决争议上来。[①] 亦有学者指出，1989 年《行政诉讼法》忽视纠纷解决目的，暴露出诸多不足，应当在行政诉讼中确立纠纷解决之目的，同时认为纠纷解决的价值与权利保护、维护行政法治的价值之间存在潜在的、微妙的对立紧张关系，应当通过立法论和解释论的实践予以完成实际取舍。[②]

另有学者认为当事人因争议而诉至法院，法院应当定分止争，原法对此未作规定，并不为错，因为其是不言自明的。其提到部分数据：全国一审行政案件的上诉率一度接近 80%，个别省份行政案件上诉率甚至高达 90%。就申诉率而言，全国法院行政案件的申诉率达到 8.5%，分别是刑事案件和民事案件申诉率的 6 倍和 6.3 倍。[③] 故而，2014 年《行政诉讼法》修改，增加解决行政争议之目的，是为强调法院定分止争的功能，解决行政案件"案结事不了"的问题。

2014 年《行政诉讼法》对立法目的条款进行修改，增加了"解决行政争议"一项内容，旨在进一步强化行政诉讼化解行政纠纷的作用，期望以法治方式解决行政争议，增强行政相对人的法治意识，形成遇事找法

---

① 马怀德：《司法改革与行政诉讼制度的完善——〈行政诉讼法〉修改建议稿及理由说明书》，中国政法大学出版社 2004 年版，第 86 页。

② 胡建淼：《行政诉讼法修改研究——〈中华人民共和国行政诉讼法〉法条建议及理由》，浙江大学出版社 2007 年版，第 41－42 页。

③ 数据参见江必新、邵长茂：《新行政诉讼法修改条文理解与适用》，中国法制出版社 2015 年版，第 20 页。但该数据并未标明出处，无法查证该数据的真实性。

律，避免出现"信访不信法"的现象。[①] 人民法院依当事人申请一并解决民事争议、扩大变更判决的适用范围，尤其是允许部分案件进行诉讼调解，体现了行政诉讼着力解决行政争议之立法目的。

（二）行政案件审理之协作

对行政行为进行合法性审查（行政司法裁判）是人民法院审理行政案件的主要方式。法院对行政行为的审查权包括受理、审查和裁判的权力。[②] 对于具体行政行为，人民法院拥有完整意义的司法审查权。对于抽象行政行为，人民法院只能进行适用上的审查，不能受理和裁判。

2014 年《行政诉讼法》第 60 条确立了行政诉讼调解制度，限定了行政诉讼调解的范围和原则。2018 年《最高人民法院关于适用〈中华人民共和国行政诉讼法〉的解释》第 84 条规定了径行调解，第 85 条规定了调解书的制作、内容、送达、生效事项，第 86 条规定了行政诉讼调解活动的展开。这一系列规范表明司法实践中的"协调和解"拥有了程序上的法律依据，行政诉讼调解作为法院审理行政案件的一种方式与行政司法裁判并列于行政诉讼活动之中。行政诉讼调解与行政司法裁判二者之间的协作体现在以下三个方面。

1. 适用范围上的协作

《行政诉讼法》第 12 条规定了行政诉讼的受案范围，界定了人民法院受理行政争议案件的权限。依据行政权作用之类别，人民法院受理行政许可、行政强制、行政处罚、行政确权案件、行政征收、征用及补偿决定案件，受理相对人申请履行保护人身权、财产权的法定职责案件，申请行

[①] 参见全国人大常委会法制工作委员会行政法室编著：《中华人民共和国行政诉讼法解读》，中国法制出版社 2014 年版，第 4 页。

[②] 参见林莉红：《行政诉讼法》，武汉大学出版社 2020 年版，第 48 页。

政给付案件，行政协议案件，认为行政机关侵犯其他人身权、财产权的案件等。第 60 条规定，在诉讼过程中，涉及行政赔偿、补偿以及行政机关行使自由裁量权的案件可以适用调解，这是立法以行政机关是否具有裁量权作为条件进行之筛选。换言之，这三类案件既可以走合法性审查——依法裁判之进路，也可以进行调解，体现了调解与裁判在适用范围上的协作。

2. 审理过程上的协作

在审理方式上，行政司法裁判严格依据法律以审查行政行为的合法性为主要内容，围绕行政行为主要证据是否充足、适用法律法规是否有误、是否违反法定程序、是否超越职权、是否滥用职权、是否明显不当这六个方面进行审查。法院对被诉行政行为主要进行合法性审查，一般不作适当性审查。只在行政处罚明显不当，或者其他行政行为涉及对款额的确定、认定确有错误的，人民法院可以判决变更。因此，明确规则、黑白分明、保障权益、监督行政、依法裁判是行政司法裁判审理过程的特征。

行政诉讼调解，是"法院组织劝说"与"当事人自愿"综合作用的产物。解决纠纷、灵活处理案件事实，达成合意是诉讼调解的运作特征。立法规定三类行政案件可以调解，意味着法院以司法权为后盾，可采用灵活对待案件事实，以达成合意、解决纠纷的目的审理案件。而且，法院利用调解处理行政案件之前，会对案件进行一定程度的合法性审查，以查清案件事实，把握案件的发展走向。

3. 结案方式上的协作

对于结案方式，行政司法裁判依法对案件作出驳回诉讼请求判决、撤销判决、履行判决、确认判决与变更判决以保护权利，监督行政，解决行政争议。行政诉讼调解则以双方当事人的自愿协商达成合意为前提，以被告履行法定职责、撤销行政行为、减少罚款数额或原告执行行政决定为内容制作行政调解书结案。

总而言之，立法者增设"解决行政争议"之立法目的，确立行政诉讼调解，希冀调解与裁判共同协作，充分发挥行政诉讼之作用，实现行政诉讼解决行政纠纷、保护权利、监督行政之功能。

三、实践反馈：功能混同与削弱

通过前文对行政诉讼调解运作方式之分析可以发现，根据被诉行政行为合法与否，法院对行政案件进行调解的结果呈现为原告执行行政决定与被告改变行政行为①两大类型。得出此般调解结果，必定是以法院对被诉行政行为进行合法性审查为前提，但法院又未将举证质证、证据认定、说理与裁判等配套程序完整适用，表明行政诉讼调解与行政司法裁判呈现功能混同之局面，加剧"解决行政争议"与"监督行政"立法目的之张力。这一形势随着诉讼调解之大量适用，大有削弱行政司法裁判之担忧。

笔者根据最高人民法院公布的《全国法院司法统计公报》整理了2006—2022 年行政案件的上诉与申诉情况，发现上诉率并未接近 80%。②不过，自 2014 年起，上诉率大幅攀升，这似乎说明立法增加"解决行政争议"之目的，以及为落实该项立法目的而实施的各项制度所发挥的作用有限。

---

① 被告改变行政行为类型包括被告履行职责、被告撤销行政行为、被告调整行政行为内容三种情形。

② 有观点认为《行政诉讼法》修改，强调法院定分止争之功能，是为解决全国一审行政案件的上诉率一度接近 80% 之疑难问题。参见江必新、邵长茂：《新行政诉讼法修改条文理解与适用》，中国法制出版社 2015 年版，第 20 页。

表6 2006—2022 年行政案件上诉与申诉情况统计①

年份	一审结案量（件）	二审收案量（件）	上诉率（%）	二审结案量（件）	再审收案量（件）	申诉率（%）
2022	283532	146363	51.6	150779	1765	0.41
2021	298301	149744	50.2	144049	2308	0.52
2020	266312	130462	49.0	133107	2280	0.57
2019	284362	139153	48.9	139171	1764	0.42
2018	251355	124806	49.7	125232	1629	0.43
2017	229112	108099	47.2	106672	1365	0.41
2016	225020	104836	46.6	101256	1228	0.38
2015	198772	77988	39.2	72717	1379	0.51
2014	130964	49984	38.2	47818	1376	0.77
2013	120675	35222	29.2	34568	1312	0.84
2012	128625	32549	25.3	32584	1277	0.79
2011	136361	33479	24.6	33440	1564	0.92
2010	129806	35334	27.2	35188	1448	0.87
2009	120530	32643	27.1	32981	1358	0.88
2008	109085	32920	30.2	31366	1543	1.10
2007	100683	29986	29.8	29961	1908	1.46
2006	95052	28956	30.5	29054	1950	1.57

① 在该统计表中，一审结案量、二审收案量、二审结案量与再审收案量的数据均来自全国法院司法统计公报，最高人民法院官网，http://gongbao.court.gov.cn/ArticleList.html？serial_no=sftj，最后访问日期：2024 年 2 月 18 日。上诉率与申诉率均为笔者计算得出，上诉率的计算公式为：二审收案量/一审结案量；申诉率的计算公式为：再审收案量/（一审结案量+二审结案量）。程琥教授在《解决行政争议的制度逻辑与理性构建——从大数据看行政诉讼解决行政争议的制度创新》（载《法律适用》2017 年第 23 期，第 17－26 页）一文中发布了 2012—2016 年的行政上诉率与再审率（第 19 页），笔者计算的上诉率数据与其上诉率吻合，但申诉率与其再审率数据不一致，应该是适用公式不一样。据验算，程琥教授文章中申请再审率的公式为：再审收案量/一审结案量，未将二审结案量纳入计算公式的分母中。

（一）行政诉讼调解与行政司法裁判功能混同

民事诉讼案件的调审合一导致程序法与实体法约束的双重软化。有学者指出诉讼调解不仅会弱化程序法的约束，导致法官行为失范和审判活动无序，也会弱化实体法的约束，导致调解结果隐性违法和审判权滥用。①"边审边调、边调边审、以判促调、压调、诱调"现象的发生将难以避免。部分法官更倾向于将审判的强制性因素融入调解过程并提供解决问题的方案，向当事人释放出不作让步就将受到不利判决的暗示，压制或诱使当事人向该方案靠拢并形成调解合意，使得当事人不得不"自愿"牺牲掉自己部分（甚至是大部分）的正当利益，同时又在"当事人合意"的掩护下名正言顺地剪裁法律。② 如此一来，"调解"与"裁判"便是你中有我，我中有你，彼此之界限开始模糊。当模糊化到一定程度时，界限趋于消失，"调解＝审判"的局面就会出现，调解与审判的功能将会混同。

在行政诉讼中，这种"混同"产生的不利后果会更为明显，因为行政诉讼审理的是由国家行政机关行使行政管理权而引发的行政争议案件。除了保护相对方合法权益之微观目的，行政诉讼还负有监督行政机关依法行使职权之功能。

从广义上来讲，行政的功能在于执行国家意志，既包括司法的功能，也包括政府的功能。除去司法功能，狭义的行政功能仅指政府行政功能。③ 政府行政的功能在于执行已表达出来的国家意志——法律。④ 在复

---

① 参见李浩：《论法院调解中程序法与实体法约束的双重软化——兼析民事诉讼中偏重调解与严肃执法的矛盾》，载《法学评论》1996 年第 4 期，第 12－13 页。

② 陈洪杰：《从程序正义到摆平"正义"：法官的多重角色分析》，载《法制与社会发展》，2011 年第 2 期，第 31 页。

③ ［美］F. J. 古德诺：《政治与行政》，王元译，华夏出版社 1987 年版，第 41 页。

④ ［美］F. J. 古德诺：《政治与行政》，王元译，华夏出版社 1987 年版，第 43 页。

杂的社会中，有诸多相互冲突之利益需要调整，例如行为自由与人身安全、经营自由与安全、公正与效率等，也必须对公共福利加以保护以使其免受反社会的破坏性行为的侵害，因此由政府采取措施进行管理势在必行。[①] 行政机关作出各类行政行为既是行使行政职权，亦是履行行政管理职责的过程。换言之，行政机关在本质上是公众的服务者，行政机关的服务就是依据法律对公共利益进行集合、维护与分配。[②] 在此过程中发生之行政争议，从表面上看是行政相对人与行政机关之争议，透过表象看本质，实则是行政相对人与他人、社会、国家之间的争议，反映的是行政相对人的利益与确定的或不确定的他人利益之间的争议，不确定的他人利益表现为社会公共利益甚至是国家利益。行政机关只是他人、社会、国家的代表，他人、社会、国家才是实质当事人。[③]

行政争议涉及公共利益与法律秩序之维护，因此，行政诉讼案件的调解对程序法和实体法约束的混同之不利后果比起民事诉讼调解而言，其不利方面的系数加倍。

（二）行政诉讼调解削弱行政司法裁判之适用

行政诉讼中当事人之间的关系呈现或简单或复杂的样态，权利义务的组合方式也各不相同。在司法实践中，部分行政调解书所载内容十分有限，虽然往往欠缺较为清楚的案件事实阐明，但基本可以推测案件发生缘由与大致过程。这些诉讼调解案件属于关系简单的案件，适宜直接裁判，法官适用调解，着实消减了行政诉讼裁判之适用。对当事人而言，不同纠

---

① ［美］E. 博登海默：《法理学：法律哲学与法律方法》，邓正来译，中国政法大学出版社 2004 年版，第 386 页。

② 叶必丰：《行政法的人文精神》，北京大学出版社 2005 年版，第 136 – 142 页。

③ 张旭勇：《论行政诉讼和解的正当性困境及其化解》，载《法商研究》2010 年第 5 期，第 70 页。

纷解决方式之间可以相互替代，如果选择一种方式并且成功了，当事人可能就不会选择其他方式了。纠纷解决方式之间存在类似于产品竞争的关系。① 对于法律关系明确、事实清楚的案件，一味强化调解，可能会向责任人传递出无须充分履行义务之预期。长此以往，行政机关违法行政、事后补救的陋习或者相对人滥诉寻求不当获利的不良风气势必滋长，不利于客观法秩序之维护。

如果说，"行政诉讼或者行政法官的最主要功能，不是解决数量庞大的行政纠纷，而是通过对典型行政纠纷的裁判，为其他纠纷解决提供处理样本，也为当事人自行解决纠纷提供合理预期，为行政机关执法提供镜鉴"②，那么在法治社会尚在建设的当下，行政诉讼调解将会消减诉讼判决之适用。对行政赔偿、补偿案件、抚恤金、社会保险待遇给付案件，行政协议履行争议案件进行调解将消减履行判决或者给付判决的适用。对"行政机关行使法律、法规规定的自由裁量权案件"的调解将抵消撤销判决与变更判决的适用。

（三）行政诉讼调解削弱行政司法裁判之规则确认功能

我国司法机关虽然不具有规则制定权，但司法机关通过审判具有规则确认功能，"只有在法院所作的宣判中，法律才会成为具体的和实在的"③。

舍弃依法裁判，对行政案件选择适用调解，虽然可以消除冲突、结案

① 冉井富：《纠纷解决》，载夏勇主编：《法理讲义——关于法律的道理与学问》，北京大学出版社2010年版，第780页。
② 耿宝建：《"泛司法化"下的行政纠纷解决——兼谈〈行政复议法〉的修改路径》，载《中国法律评论》2016年第3期，第230页。
③ ［美］E.博登海默：《法理学：法律哲学与法律方法》，邓正来译，中国政法大学出版社2004年版，第129页。

了事、终结诉讼，却是在钝化矛盾、原被告某一方作出让步的前提下达成，无法恢复受损的法律尊严与统治秩序权威。法院实行调解，以双方当事人达成合意为基础，具有契约性质，不具有对世效力，因此避免或者减少同类冲突重复出现的作用十分有限。司法裁判具有对世效力，可以通过对个案审判确认规则，这是调解不具备的。法院对行政赔偿、补偿、行政机关行使法律、法规规定的自由裁量权案件，甚至抚恤金、社会保险待遇给付案件、行政协议履行争议案件等亦适用调解，减少了司法裁判在这些案件中发挥规则确认功能之机会，与行政诉讼是为解决行政机关在行使行政管理职权过程中与相对人发生的行政法上的权利义务争议，带有司法监督行政之性质不符。[①] 在此意义上可以说，行政诉讼调解制度的确立与适用削弱了司法裁判通过具体纠纷所发挥的规则确认功能。

（四）行政诉讼调解存在权力操作之风险

生效裁判文书公开是审判公开制度的重要内容，对提高审判质量、增强司法权运行之透明度、促进法治社会建设具有重要意义。

2014 年《行政诉讼法》第 65 条明确了裁判文书公开之规定[②]，不过行政调解书是否应被公开未被明确提及。最高人民法院亦制定了在互联网上公开裁判文书之规定《关于人民法院在互联网公布裁判文书的规定》（以下简称《互联网公布裁判文书规定》）。[③] 其第 3 条第 1 款第 9 项明确规定了"行政调解书、民事公益诉讼调解书"属于人民法院应当在互联

---

① 林莉红：《行政诉讼法》，武汉大学出版社 2015 年版，第 10 页。
② 《行政诉讼法》第 65 条规定：人民法院应当公开发生法律效力的判决书、裁定书，供公众查阅，但涉及国家秘密、商业秘密和个人隐私的内容除外。
③ 参见最高人民法院：《关于人民法院在互联网公布裁判文书的规定》（法释〔2016〕19 号）。

网公布的裁判文书种类。① 其第 4 条则规定了人民法院不在互联网公布裁判文书的情形，其中第 3 项是 "以调解方式结案或者确认人民调解协议效力的，但为保护国家利益、社会公共利益、他人合法权益确有必要公开的除外"，第 5 项是 "人民法院认为不宜在互联网公布的其他情形"。②

2016 年以来，在审理行政案件时，诸多法院频繁适用《互联网公布裁判文书规定》第 4 条第 1 款第 3 项或第 5 项的规定，以 "调解结案" 或者 "人民法院认为不宜在互联网公布的其他情形" 为理由不公开行政调解书的比例逐年攀升。样本统计中，60% 的行政调解书未获公开。笔者认为，司法实践中，行政诉讼调解的部分法院曲解了《互联网公布裁判文书规定》第 4 条第 1 款第 3 项与第 5 项规定之情形，一定程度上存在权力滥用。

首先，运用体系解释可推知《互联网公布裁判文书规定》第 4 条第 1 款第 3 项应当指代民事案件，而非行政案件。详言之，即 "民事案件以调解方式结案或者确认人民调解协议效力的" 裁判文书不在互联网上公布，但 "为保护国家利益、社会公共利益、他人合法权益确有必要公开的除外"。行政调解书是行政案件以调解方式结案，由法院根据双方当事人的调解协议制作的文书。《互联网公布裁判文书规定》第 3 条规定，行政调

---

① 《互联网公布裁判文书规定》第 3 条规定：人民法院作出的下列裁判文书应当在互联网公布：（一）刑事、民事、行政判决书；（二）刑事、民事、行政、执行裁定书；（三）支付令；（四）刑事、民事、行政、执行驳回申诉通知书；（五）国家赔偿决定书；（六）强制医疗决定书或者驳回强制医疗申请的决定书；（七）刑罚执行与变更决定书；（八）对妨害诉讼行为、执行行为作出的拘留、罚款决定书，提前解除拘留决定书，因对不服拘留、罚款等制裁决定申请复议而作出的复议决定书；（九）行政调解书、民事公益诉讼调解书；（十）其他有中止、终结诉讼程序作用或者对当事人实体权益有影响、对当事人程序权益有重大影响的裁判文书。

② 《互联网公布裁判文书规定》第 4 条规定：人民法院作出的裁判文书有下列情形之一的，不在互联网公布：（一）涉及国家秘密的；（二）未成年人犯罪的；（三）以调解方式结案或者确认人民调解协议效力的，但为保护国家利益、社会公共利益、他人合法权益确有必要公开的除外；（四）离婚诉讼或者涉及未成年子女抚养、监护的；（五）人民法院认为不宜在互联网公布的其他情形。

解书属于法院应当公开之裁判文书。如果法院适用第 4 条第 1 款第 3 项"以调解方式结案"为理由不公开行政调解书，意味着还存在不以调解方式结案而形成的行政调解书。可是行政调解书就是利用调解方式结案进而制作而成，不存在其他方式。而且，第 4 条第 1 款第 3 项中，"或"字连接的是"以调解方式结案"与"确认人民调解协议效力的"两种情形，这两种情形应适用同一类型纠纷。"确认人民调解协议效力"属于法院对人民调解协议进行司法确认的重要内容，用来规范民事纠纷的诉讼与非诉讼解决方式之衔接，不适用于行政案件。

其次，《互联网公布裁判文书规定》第 4 条第 1 款第 5 项属于法院逃避依法公开义务之说辞。2014 年《行政诉讼法》第 65 条规定了行政案件的生效裁判文书应当公开，但涉及国家秘密、商业秘密和个人隐私的内容除外。此条虽未明确提及行政调解书，但行政调解书作为再审文书种类、执行根据与法院的判决、裁定并列出现，属于法院依法作出之裁判文书确定无疑，而且 2016 年《互联网公布裁判文书规定》第 3 条第 1 款第 9 项已明确规定行政调解书属于应当公开的裁判文书，对此，法院无法逃避。2018 年《最高人民法院关于适用〈中华人民共和国行政诉讼法〉的解释》第 86 条借鉴了第 146 条关于调解过程与调解协议不公开之内容，规定了行政案件的调解过程与调解协议可以不同程度地不公开。但调解过程的不公开、调解协议的不公开毕竟不同于行政调解书本身之不公开。法院为规避法律、逃避公开行政调解书之义务，于是适用《互联网公布裁判文书规定》第 4 条第 1 款第 5 项之规定，以"人民法院认为不宜在互联网公布的其他情形"为由，拒绝公开行政调解书。而这恰是导致行政诉讼调解中存在司法权力操作之源头。

最后，法律严格适用的理念不仅具有维持法秩序的根本使命，亦发挥着在法治轨道中控制司法权力本身行使的重要作用。与法律严格适用的近代司法理念相较，现代司法更加注重效率性与实效性，例如引入简易化程序，重视调解。尽管如此，现代司法仍然看重司法的自身控制功能。即使在当代，社会发展日新月异，司法必须正视理念和现实的差距并且立足于新的认识来重新设计审判功能，仍然需要在有效地维持法秩序的同时，保证司法权力的行使存在于法的控制之内。① 行政调解书不公开，就存在出现法院违法实施调解、"超越法律"的现象的风险。法官凭借审判权从事"投机"行为——在处置各种利益冲突时从容不迫地在"调解"与"审判"中来回切换将变得易如反掌。行政诉讼调解制度的确立与适用，赋予司法权力操作之便利，为司法权之运行超越法的控制提供可能，当司法权不受约束时，必然削弱法院监督行政作用之发挥。

综上所述，行政诉讼调解在确立之初，立法者既要求法院依法裁判，审理行政案件不适用调解，以充分发挥行政诉讼监督行政机关依法行使职权、实现维护客观法秩序之作用，又允许部分案件进行调解，希望法院钝化矛盾、快速解决行政争议。在这种矛盾的状态下行政诉讼调解与行政司法裁判不仅易出现功能混同之现象，带来行政诉讼调解削弱司法裁判、造成法院操作司法权之风险。

第二节　我国行政诉讼调解的应然角色

我国行政诉讼调解是一项融合了德国法官调解制度理念与大陆法系诉讼上和解制度程序设计的综合体，肩负解决争议、疏减讼源的美好愿景，

---

① 棚濑孝雄：《纠纷的解决与审判制度》，王亚新译，中国政法大学出版社2004年版，第254页。

以德国的诉讼上和解制度作为蓝本参考设计而成，但因存在裁量权与处分权的混淆，划定的适用范围存在行政诉讼调解被滥用的风险。在"监督行政"的行政诉讼价值定位之下，鉴于行政诉讼调解与行政诉讼裁判功能混同之态势，避免行政诉讼裁判之功能被进一步弱化，我国行政诉讼调解不应当成为法院行使司法权审结行政案件的主要运作方式。

一、建立行政诉讼的诉讼上和解制度

大陆法系行政诉讼上和解与德国的法官调解属于截然不同的两项制度，反映了法官在不同审判程序中的不同权限。前者中案件不需要被移送至不具有审判权限之调解法官，受案法官不主动介入双方当事人之和解，主要适用于双方当事人对诉讼标的有处分权之案件，体现近代司法权的限界理念。后者受案法官需要将案件移送至不具有审判权限的调解法官，主要适用于案情复杂、原告极度受挫等案件，虽体现了司法权优越之理念，但保持了司法权限界之态势。我国行政诉讼调解综合以上两种制度之特质，意欲展现司法权优越之理念，选择将案件不移送至不具有审判权之调解法官，适用范围上却采用"对诉讼标的具有处分权"逻辑，对"处分权"之理解出现偏差。那么，行政诉讼调解究竟是继续走综合体之路，还是在德国法官调解与大陆法系诉讼上和解二者中择一从之，值得斟酌。

（一）三种策略

笔者认为，综合而言，完善我国行政诉讼调解有三种策略：第一，借鉴德国的诉讼上和解制度，对行政机关没有处分权的案件不适用调解，而且法院应当竭力保持克制，对司法权进行限界。第二，借鉴德国法官调解制度路线，主要对案情复杂、牵涉面广或者原告感情极度受挫的案件适用诉讼调解，并且案件应当移送于不具备审判权限的调解法官，将一直未参加诉讼成为当事人的第三人纳入诉讼中。第三，对应于我国行政诉讼调解综合体的制度设计，适用范围亦将二者结合，对行政机关具有处分权与案情复杂、牵涉面广或者原告感情极度受挫的案件均适用。

（二）走诉讼上和解之路之建议

当下，调解与裁判在行政诉讼程序中的界限有时并不明显，为避免行政诉讼裁判的功能被进一步削弱，法院应当尽量避免运用调解审理行政案件。为行政诉讼和解制度正名是调整我国行政诉讼调解制度之策略，理由如下。

（1）德国的法官调解制度的适用范围没有明确标准。案情复杂、牵涉面广或者原告感情极度受挫主要来源于法官的主观判断，虽然基于客观的案件事实，但法官主观判断色彩较重。相较之下，诉讼上和解制度的适用范围是相对确定的。行政机关有没有处分权来源于法律的明确规定，这比仅仅依靠法官主观判断某项案件能否适用调解要明确得多。在诉讼案件能否适用调解的问题上限制法官权力，调解的自愿性才能得到保障。[1]

（2）德国法官调解是以诉讼上和解为基础的一项制度。从调解与和解本身是否可以作为终结诉讼系属方式这一角度来看，德国行政诉讼法官调解只是作为一项促成当事人达成合意的手段或者程序存在，本身不能成为终结诉讼系属之原因。若经过诉讼调解，双方达成合意，案件仍需要以诉讼上和解、诉讼外和解、本案终结宣告抑或原告撤诉的方式终结诉讼系属。

（3）诉讼上和解与法官调解适用范围的两套标准不统一，无法融合，

---

① 赵艳花、耿宝建：《行政诉讼中的调解：西方的经验与中国的选择》，载《行政法学研究》2009 年第 3 期。

导致采用混合设计的第三套方案不可行。实际上，采用第三套方案的混合设计与采用第二套法官调解制度方案，在诉讼调解实践中，没有多大差别，具有处分权之标准势必让步于没有明确标准的主观判断适用。

二、作为裁判说理活动的调解

笔者认同行政诉讼调解对于解决行政争议只应当处于补充性地位之论断①，在司法实践中需要解决的关键问题是在行政诉讼调解程序中，合法性审查与调解结案的融合与衔接。将杂糅于行政诉讼调解中的行政行为合法性审查归于行政诉讼裁判，将当事人和解、终结诉讼归于诉讼上和解制度之后，原本行政诉讼调解的运作方式中只剩下"劝说"式的说理活动，这看似降低了司法效率。但为提高司法公信力，在行政诉讼程序中，笔者建议调解只能作为裁判说理活动，而非与行政诉讼裁判并列的审理制度发生作用。

（一）作为裁判说理活动而非结案方式存在的行政诉讼调解

行政诉讼中的调解仅作为裁判说理活动而存在，不能作为行政诉讼之结案方式存在，这表现为在行政诉讼程序中，双方当事人通过对话、协商、解释、说理、交流等方式就行政争议进行交涉，法院则以行政行为合法性分析为主要内容，阐明情理，进而依法终结诉讼系属（例如依法裁判、原告撤诉、双方诉讼上和解）的过程。

1. 我国行政诉讼调解之实然状态

2014 年《行政诉讼法》确立的行政诉讼调解制度，从实质上而言是

---

① 章剑生：《行政争议调解的"能"与"不能"》，载《中国社会科学报》2020 年 6 月 5 日第 5 版。

一项混合制度，借鉴德国行政诉讼上和解制度的程序设计，冠以诉讼调解之名，用以解决行政争议不是完整状态的诉讼上和解，也不是纯粹意义上的法官调解。换言之，目前我国《行政诉讼法》规定的行政诉讼调解制度，实乃行政诉讼上和解与法官调解的综合体。

2. 我国行政诉讼调解之应然角色

在德国，诉讼上和解与法官调解为截然不同之两种制度，若以行政诉讼上和解或者法官调解对我国现行行政诉讼调解进行框定，应当将其划归行政诉讼上和解一类，不仅应当改变制度名称，而且在程序设计上应当有所调整。

对于当事人未达成和解之行政案件，法官不能对行政行为的合法性问题采取模棱两可的态度，应当依法审理行政案件，对行政行为合法性进行司法审查，进行举证、质证，必要时对双方当事人进行情理教育，思想疏导[1]，进而依法终结诉讼系属（依法裁判、原告撤诉、双方诉讼上和解）。由此，调解在行政诉讼程序中仅可以作为裁判说理活动而存在，但不能成为与行政诉讼裁判并列的结案方式存在。

（二）实施调解之行政诉讼案件诉讼程序终结之应对

在给付诉讼的行政诉讼调解实践中，对于被告行政机关的行政不作为，经过说理，被告承诺在一定期限内履行法定职责与法定义务，随后案件终结。在撤销诉讼的调解实践中，只有很少一部分案件的被诉行政行为是被完全执行或完全撤销，大部分案件是行政行为被部分改变。这个被改变，并非原行政行为被行政机关撤销，而是在原行政行为继续存在的情况下，行政机关针对原告之违法事实重新作出了一个行政行为，原行政行为

---

① 梁凤云：《新行政诉讼法逐条注释》，中国法制出版社 2017 年版，第 440 页。

成为督促原告积极缴纳调整后罚款之手段。① 经过调解的诉讼案件，虽然争议得以解决，但原违法行政行为并未获得法院评价，以调解结案不符合行政诉讼的运作机理，应予以纠正。

1. 法院裁判

在撤销诉讼中，若被告改变被诉行政行为，则原告将欠缺诉之利益，但并不必然导致诉讼终结，只有当原告坚持其撤销被诉行政行为的请求，才会被终结诉讼；若转换诉讼请求为确认原行政行为违法，则诉讼并不终结，而是进入"继续确认诉讼"。当被告改变被诉行政行为，原告坚持请求撤销原行政行为，理论上原行政行为已经为行政机关所改变而不存在，实践中即使作为督促原告积极履行新行政行为之约束手段继续存在，也将因原告履行新行政行为所涉之义务不再执行。这在本质上仍旧属于新行政行为对原行政行为之取代，只不过附加了条件，即新行政行为被原告履行，则原行政行为不再实施。笔者认为，此时妥当的做法是法院判决驳回原告诉讼请求，并对被告发出司法建议，建议其作出相应行政文书，撤销原行政行为，明确其效力。

对于给付诉讼，被告改变行政行为的表现是承诺在一定期限内履行给付义务，对此，法院应当顺应审理过程，作出履行判决或给付判决方。

与其说被告改变行政行为将影响诉讼程序之进行，毋宁说原告就争讼事项之态度决定了诉讼系属能否终结。总而言之，对于撤销诉讼，法院经过合法性审查并以说理活动说服行政机关改变行政行为之后，对应于原告

---

① 例如"原告宁远县紫微门窗制造有限公司诉被告宁远县市场监督管理局工商行政处罚一案"（参见湖南省道县人民法院（2019）湘 1124 行初 144 号行政调解书）；"李某某与安阳县市场监督管理局质量监督检验检疫行政管理一案"（参见河南省安阳县人民法院（2019）豫 0522 行初 149 号行政调解书）；"浙江至邦文具有限公司与永州市工商行政管理局零陵分局行政处罚一案"（参见湖南省永州市冷水滩区人民法院（2018）湘 1103 行初 68 号行政调解书）；"南阳娃哈哈昌盛饮料有限公司与鲁山县工商行政管理局、平顶山市工商行政管理局工商行政管理一案"（参见河南省平顶山市卫东区人民法院（2018）豫 0403 行初 27 号行政调解书），等等。

是否转换诉讼请求，法院应当作出确认原行政行为违法或者驳回诉讼请求之判决，从而予以结案。对于给付诉讼，法院应当查明案件事实以及情理说服当事人，作出履行判决或给付判决，从而结案。

2. 法院裁量权限缩之情形

当被告改变行政行为，原告同意并申请撤诉的，《行政诉讼法》第62条规定，是否准许由人民法院裁定。笔者认为，此时法院裁量权限已限缩为零，不宜作出准许撤诉之裁定，应当依据原告诉讼请求，作出驳回、确认违法、履行或给付之判决。因为经过法院对原行政行为进行合法性审查以及情理之说服，被告改变行政行为或同意改变行政行为，相当于被告履行或承诺履行法院可能的裁判意旨，表明原告之诉讼请求已经得到法院处理，其实体权利得到保护，法院应当依法作出裁判，不能准许原告撤诉。若此时准许原告撤诉，根据撤诉之一般法律效果，"诉经撤回者，视同未起诉，原则上，原告仍得就同一事件再行起诉[1]。"原告撤诉只是处分自己的诉讼权利，并不因此影响原告实体权利之存在，故而，原告撤诉后又以同一诉讼请求再次起诉的，人民法院应予受理。[2]

然而，2018年《最高人民法院关于适用〈中华人民共和国行政诉讼法〉的解释》第60条对于原告此种撤诉赋予了不同之法律效果。[3] 对此，最高人民法院给出的理由是"行政诉讼与民事诉讼在纠纷性质和审查对象具有不同的特点和本质区别，原告撤诉成立后，不能为同一诉讼争议再行提起行政诉讼，否则对于行政法律关系的稳定和有限的行政及司法资源

---

① 徐瑞晃：《行政诉讼法》，元照出版有限公司2015年版，第329页。

② 《最高人民法院关于适用〈中华人民共和国民事诉讼法〉的解释》第214条第1款规定："原告撤诉或人民法院按撤诉处理后，原告以同一诉讼请求再次起诉的，人民法院应予受理。"

③ 2018年《最高人民法院关于适用〈中华人民共和国行政诉讼法〉的解释》第60条规定："人民法院裁定准许原告撤诉后，原告以同一事实和理由重新起诉的，人民法院不予立案。"

极为不利"①。笔者认为，行政诉讼与民事诉讼在纠纷性质和审查对象方面确有不同特点和本质区别，然而这并不能成为禁止原告撤诉后再次提起诉讼之理由。相反，正是因为行政诉讼在纠纷性质和审查对象方面具有的特殊性，若原告迫于被告之威胁而撤诉，出于监督行政、维护客观法秩序功能之目的，法院更加应当支持原告再次起诉才是正理。不过此处，笔者认为，法院的确不应当受理原告以同一事实和理由提起之诉讼，只是理由并非行政诉讼在纠纷性质和审查对象方面的特殊性，而是法院在初审诉讼时就不应当作出准许原告撤诉之裁定，应当在被告改变行政行为后，根据原告之诉讼请求，依法作出驳回、确认违法、履行或给付之判决。"惟于本案经终局判决后将诉撤回者，不得复提起同一之诉，以防止原告撤回后一再起诉，有违诉讼经济之原则。"② 当法院进行过案件审理，终结诉讼系属后，原告自然不得以同一事实和理由再行起诉。当被告改变行政行为，若法院准许原告撤诉或是调解结案，便是偏离了依法审判之正常轨道。如此，则不如被告改变行政行为当初，法院便依法判决，这才是促使司法审判回归正常轨道之应有举措。

3. 司法建议之提出

行政诉讼司法建议制度在创立之初即是为督促行政机关积极履行法院之裁判而存在，后来人民法院频繁利用"协调和解"动员原告撤诉而结案，导致司法建议被逐渐边缘化。现阶段行政诉讼司法建议更多地被用于对规范性文件予以修改的建议类型中。作为司法判决之外的一种非正式治理模式，司法建议之兴盛在一定程度上揭示了我国行政诉讼的特殊困境。③ 法院通过判决方式实现行政行为合法性审查之能力有待加强。"只

① 最高人民法院行政审判庭：《最高人民法院行政诉讼法司法解释理解与适用》，人民法院出版社 2018 年版，第 318 页。
② 徐瑞晃：《行政诉讼法》，元照出版有限公司 2015 年版，第 329 页。
③ 卢超：《行政诉讼司法建议制度的功能衍化》，载《法学研究》2015 年第 3 期，第 29 页。

有行政诉讼具备了足够的制度能力，能够将裁判模式作为主要制度武器时，司法建议制度才能真正发挥有效的补充辅助作用。"① 正视诉讼调解作为裁判说理活动而非结案方式之应然角色，引导法院回归依法裁判，是促使行政诉讼判决模式获得有效成长之重要一环。

综上所述，我国的行政诉讼调解是一项借鉴了德国法官调解之理念的综合制度。当下，这种综合制度更多地体现了法院之固有利益。为避免司法实践中过度利用之嫌，笔者认为，行政诉讼调解不应当成为法院行使司法权审结行政案件的运作方式，应当将当事人诉讼上和解制度从行政诉讼调解制度中分离出来，使之成为一项独立的制度。诉讼调解仅应作为裁判说理活动而非结案方式存在。在行政诉讼中，被告改变行政行为，原告同意并申请撤诉的，立足于行政诉讼监督行政机关依法行政之价值定位，此时法官裁量权已限缩为无，不宜准许原告撤诉，而应当依法裁判。

第三节　我国行政诉讼调解的边界

我国行政诉讼调解制度是一项理念与程序设计混杂的制度，其在司法实践中，因其处分权与裁量权之混同，而易产生过度适用之风险。经过上文论证，我国行政诉讼调解制度宜改造为行政诉讼中诉讼上和解制度，调解仅作为裁判说理活动而存在。无论是诉讼上和解还是作为裁判说理活动而存在的调解，都需要在一定范围内运行，这种"范围"表现为遵循某种条件，也即行政诉讼调解的边界。

---

① 卢超：《行政诉讼司法建议制度的功能衍化》，载《法学研究》2015 年第 3 期，第 30 页。

一、行政诉讼中诉讼上和解的运行条件

行政诉讼中诉讼上和解是当事人在行政诉讼系属中，互相让步，就诉讼标的的全部或部分以终结诉讼为目的达成的合意。目前，我国《行政诉讼法》规定的行政诉讼调解制度在程序设计上与大陆法系国家、地区诉讼上和解制度具有较高程度的相似性。除了"和解制度"称谓与之不同，仍有以下几方面的问题值得特别强调。

（一）关于当事人对诉讼标的之处分权

目前我国学界使用的"行政诉讼标的"，主要是指行政诉讼的程序标的，表现为被诉行政行为。实际上，被诉行政行为只是行政诉讼中的"标的物"，任何行政诉讼都有诉讼标的，但并不都有诉讼标的物。[1] 德国对行政诉讼标的采用权利主张说，即行政行为违法且侵害原告权利之权利主张。在行政诉讼中，私人一方为其所行使之请求权之权利主体，享有公权利，即有处分权，但行政机关并不必然具有处分权。行政机关对诉讼标的之处分权包括形式与实质两方面内容。形式上之处分权，即以缔结契约之方式，行使公权力之权限。实质上之处分权，是指行政机关对相关诉讼标的具有事务管辖权及地域管辖权。[2] 两方面处分权对行政机关与原告达成诉讼和解缺一不可。行政机关在实体法上的裁量权并不等于对诉讼标的之处分权。可否进行诉讼上和解，在于行政机关对于诉讼标的之处分权，不得以羁束处分与裁量处分作为可否进行诉讼上和解的区分标准。

---

[1]　马立群：《行政诉讼标的理论研究——以实体与程序连接为中心》，武汉大学 2011 年博士学位论文，第 76 页。

[2]　刘宗德、彭凤至：《行政诉讼制度》，载翁岳生：《行政法》（下），中国法制出版社 2009 年版，第 1527 页。

(二) 不得损害第三人利益或违反公益

行政机关负有集合、维护、分配公共利益之职责，在行政诉讼中充其量只是第三人或者公共利益的"代表"，作为被告的行政机关与作为原告的行政相对人通常并无实质利益竞争（对立）关系。[①] 在普遍涉及公共利益的行政诉讼领域，行政机关与行政相对人合谋危害公共利益的情况值得警惕。因此，作为维护社会公正的最后一道保护伞，在诉讼上和解程序中，人民法院应当审查和解方案的内容，对涉及第三人或公共利益案件的和解进行特别处理，确保国家利益、社会公共利益和他人合法权益不受损害，随后再制作和解笔录。

第一，和解内容之履行将侵害第三人权利的，应当经该第三人书面同意，始生效力。许多行政诉讼案件是有利害关系第三人存在的行政争议。该类行政争议的解决不能简单认为只要双方当事人自愿达成和解即可，还须顾及第三人的合法权益。2018 年《最高人民法院关于适用〈中华人民共和国行政诉讼法〉的解释》第 86 条第 2 款规定，经人民法院准许，第三人可以参加调解，法院认为有必要的，可以通知第三人参加调解。如果第三人只是可以参加和解，对保护第三人合法权益还不够，将第三人同意作为和解生效之条件才能切实保护其合法权益。

第二，涉及国家利益与社会公益之案件，应当先行公开和解方案，接受检察机关、社会公众尤其是公益关涉群体之意见，再由法院综合审查决定是否制作和解笔录。

(三) 和解笔录应当公开

公开生效的裁判文书，方便公众进行查阅，是进一步完善审判公开制

[①] 张旭勇:《论行政诉讼和解的正当性困境及其化解》，载《法商研究》2010 年第 5 期，第 70 页。

度的重要环节，能够有效促使人民法院提高审判质量，促进司法公正。和解作为终结诉讼系属之方式，和解笔录即是法院的结案文书，和解笔录应当公开，当然，特殊情况的一些文书不宜公开，仍可持其原态。

从当下我国《行政诉讼法》的有关规定来看，调解是终结诉讼系属的方式，行政调解书是法院的结案文书。行政调解书应当适用《行政诉讼法》第 65 条关于裁判文书公开之规定，主要基于以下两点理由。

1. 行政调解书属于法院的结案文书

《行政诉讼法》第 65 条关于诉讼文书的公开规定虽然未提及行政调解书，但《行政诉讼法》、2018 年《最高人民法院关于适用〈中华人民共和国行政诉讼法〉的解释》多处规定已将行政调解书与判决书、裁定书并列出现于再审、强制执行等规定中，例如《行政诉讼法》第 92 条规定"各级人民法院院长对本院已经发生法律效力的判决、裁定，发现有本法第 91 条规定情形之一，或者发现调解违反自愿原则或者调解书内容违法，认为需要再审的，应当交审判委员会讨论决定……最高人民法院……发现调解违反自愿原则或者调解书内容违法的，有权提审或者指令下级人民法院再审"。《行政诉讼法》第 93 条规定"最高人民检察院……发现调解书损害国家利益、社会公共利益的，应当提出抗诉"。《行政诉讼法》第 95 条规定公民、法人或者其他组织拒绝履行调解书的，由法院或者行政机关依法强制执行。2018 年《最高人民法院关于适用〈中华人民共和国行政诉讼法〉的解释》第 69 条第 1 款第 9 项规定，"诉讼标的已为生效裁判或者调解书所羁束的，已经立案的，应当裁定驳回起诉"，等等。由此推之，行政调解书与裁判文书一样属于法院的结案文书，其公开问题理应适用《行政诉讼法》第 65 条的规定。

2. 民事诉讼调解的保密性规定不应适用于行政案件

虽然 2018 年《最高人民法院关于适用〈中华人民共和国行政诉讼

法〉的解释》第86条明确了行政诉讼调解的保密性规则，而且《行政诉讼法》第101条亦规定人民法院审理行政案件，关于调解，本法没规定的，适用《民事诉讼法》的相关规定，但行政诉讼与民事诉讼毕竟是两种不同性质的诉讼制度，前者解决公法争议，后者解决私法争议，在行政诉讼过程中适用民事诉讼规范时不能抵触行政诉讼的立法目的①，民事诉讼调解的保密性规定不宜适用于行政案件。

调解作为解决冲突的重要方式，欲使双方都对结果感到满意，第三方往往会突破现有的法律规范来解决冲突②——"为了实现冲突和对抗的消弭，调解甚至常常以损害法律原则为代价"③。调解通常具有保密性，意在促使"争议双方将背后隐藏的利益诉求摆到桌面，从而找到双方追求利益的共同点，最终达成基本满足各方利益的解决方案"④。管理和服务于公共利益是行政权运行之目的，其运行具有公开性，应当接受监督。行政争议的解决事关公共利益，法院若以"调解方式结案"为理由不公开行政调解书，长此以往，行政诉讼调解成为权力操作之"暗箱"的风险将会变大，进而不利于维系社会公众对司法公正之信心。简言之，调解本身具有保密性，将调解引入行政诉讼，既允许行政案件进行调解又强调公开，从制度逻辑看，两者之间存在一定的悖论。⑤ 部分法官知晓其中之悖论，继而为不公开调解书而寻找法理支撑，于是适用《互联网公布裁判文书规定》第4条第1款第3项或第5项的规定。有学者对行政争议调解

---

① 章剑生：《行政诉讼中民事诉讼规范之"适用"——基于〈行政诉讼法〉第101条展开的分析》，载《行政法学研究》2021年第1期，第74页。

② 罗杰·科特威尔：《法律社会学导论》，潘大松、刘丽君等译，华夏出版社1989年版，第239页。

③ 顾培东：《社会冲突与诉讼机制》，法律出版社2016年版，第40页。

④ 最高人民法院行政审判庭：《最高人民法院行政诉讼法司法解释理解与适用（上）》，人民法院出版社2018年版，第407页。

⑤ 陈洪杰：《从程序正义到摆平"正义"：法官的多重角色分析》，载《法制与社会发展》，2011年第2期，第38页。

过程信息的保密性规则提出构建，强调其"所阐述之保密性规则，仅适用于行政争议解决的过程，而当事人最终达成的调解协议仍需对外公开"①，对我国行政诉讼调解的保密性规定予以建议。

二、作为裁判说理活动的调解之运行条件

调解本身是以钝化矛盾、模糊是非，甚至有时是突破法律规则的方式解决争议。笔者认为，在行政诉讼中，作为裁判说理活动的调解应当以查清事实、分清是非、坚持行政行为合法性审查为前提，不得违背此项约束条件。

行政诉讼调解作为落实"解决行政争议"之立法目的的一项具体制度设计，仍宜在行政诉讼监督行政、合法性审查的框架下进行。"人民法院应当在事实清楚的基础上，分清是非，进行调解"②，"调解应当根据当事人自愿的原则，在查清事实，分清是非的基础上进行"③。既然行政调解书的案件事实部分应当记载双方当事人发生争议的事实、原因及双方的责任，那么法院的"评判"就不可忽略。通常而言，评判要求写明原告、被告双方围绕争执焦点进行举证、质证，以及人民法院认定证据的过程，通过举证、质证，以及对证据认定过程的客观叙述和评判，阐明案件事实。④ 由此可推知，行政诉讼调解之前应当完成双方当事人的证据交换与

① 施立栋：《行政争议调解过程信息的保密性规则之构建》，载《法商研究》2018 年第 4 期，第 138 页。

② 全国人大常委会法制工作委员会行政法室：《中华人民共和国行政诉讼法解读》，中国法制出版社 2014 年版，第 169 页。

③ 最高人民法院行政审判庭编：《行政诉讼文书样式（试行）》，人民法院出版社 2015 年版，第 46 页。

④ 刘金华：《行政审判文书改革之我见》，载《行政法学研究》2002 年第 1 期，第 63 页。

质证，促使法官对双方争议之事实形成基本判断[1]，以夯实调解基础——查清事实、分清是非。对行政行为进行合法性审查其实是法院"评判"案件事实的必经过程。作为裁判说理活动的调解应当建立在行政行为合法性审查基础之上，查清事实，分清是非。

综上所述，理念与程序混杂的行政诉讼调解被完善为独立的诉讼上和解与作为裁判说理活动的调解之后，各自的运行应当在限定的条件下进行。当下我国行政诉讼调解制度的程序设计与诉讼上和解制度比较类似，但在行政机关对诉讼标的是否具有处分权、第三人利益、和解笔录（行政调解书）的公开方面仍有待完善，如作为裁判说理活动的调解应当在行政行为合法性审查、双方当事人举证、质证、法院认定证据、案件事实的基础之上进行。

本章小结

本章在分析行政诉讼调解与行政诉讼裁判关系之情况下，阐明了行政诉讼调解的应然角色与运行边界。在行政案件中，法院以诉讼调解代替裁判的司法权运作方式导致行政诉讼调解与行政诉讼裁判之功能逐渐混同，并有削弱行政诉讼裁判功能之态势。一方面，当被诉行政行为存在违法性，行政机关有可能被判决撤销行政行为时，却因行政诉讼调解得以"和气"解决。虽然造就原被告双赢之局面，但也部分侵蚀了行政诉讼监督行政之价值，从长远来看，未必有利于法治政府建设。以被告改变行政

---

[1] 林莉红：《论行政诉讼中的协调——兼评诉讼调解》，载《法学论坛》2010年第5期，第45页。

行为之运作方式促使原被告双方达成调解、终结诉讼，行政争议虽被解决，但法院并未完全实现依法裁判，于法理层面仍有不合适之处。另一方面，当被诉行政行为合法，法院亦是以调解而非判决驳回原告诉讼请求结案，一定程度上可以缓解行政相对人与行政机关紧张对立之局面，但对行政机关行使行政职权、维护客观法秩序之正确性并未明确予以肯定，不能对后续行政行为的改善发挥监督作用。立法者既要求法院依法裁判，审理行政案件不适用调解，以充分发挥行政诉讼监督行政机关依法行使职权、实现维护客观法秩序之作用，又允许部分案件进行调解，希望法院钝化矛盾、快速解决行政争议，这其间存在一定的现实困难。故而行政诉讼调解与行政司法裁判出现功能混同之现象，行政诉讼调解大有削弱司法裁判之态势，行政诉讼调解与行政司法裁判之界限呈现模糊化状态。

笔者认为，在此情况之下，为避免行政诉讼裁判之功能被行政诉讼调解进一步削弱，不宜继续将行政诉讼调解作为法院行使司法权审结行政案件的主要运作方式，而应当实现诉讼上和解与调解相分离，将我国行政诉讼调解制度完善为单纯的行政诉讼上和解制度，调解仅作为一项裁判说理活动的手段存在，而不作为一项案件审理制度展开。

行政诉讼的诉讼上和解的运行需要满足一系列条件，尤其需要满足行政机关对诉讼标的具备处分权；和解内容的履行涉及第三人利益的，应当经该第三人书面同意始生效力；和解笔录（行政调解书）的公开等条件。作为裁判说理活动的调解应当在行政行为合法性审查、双方当事人举证、质证、法院认定证据与案件事实的基础上进行。

| 第六章 |

法院解决行政争议之展望

　　调解本是介于当事人和解与法院裁判之间的纠纷解决方式。我国现行的行政诉讼调解是当事人诉讼和解、调解和审判综合的产物，虽说以当事人自愿为基础，却是在司法权、行政权裹挟之下发挥作用。当《行政诉讼法》增加"解决行政争议"之立法目的，配之以行政诉讼调解，法院在解决行政诉纷案件中的地位变得模糊起来。当法院以调解方式审理行政案件，介入行政诉讼双方当事人权力与权利之博弈时，个别法院为了早日结束诉讼流程而努力，就不再是纯粹中立的一方，维护社会公正的功能将大打折扣。于是，笔者认为，应当将我国现行的行政诉讼调解改造为诉讼上和解，调解仅作为法院裁判说理活动存在。与监督行政的行政诉讼价值定位相呼应，应将解决行政争议的重心前移至诉讼之前，在必要的情况下，可以允许法院超出司法权限进行一定程度的协调以解决行政争议。

第一节　解决行政争议之重心前移

　　司法作为维护社会公正的最后一道防线，法院应当依法裁判，充分发挥规则确认之功能。行政诉讼的主要任务是审查行政行为的合法性，例外情况下才审查行政行为的合理性。对于行政争议之解决，可以完善行政复议制度，充分发挥行政复议之制度优势，使之成为解决行政争议的主渠道。① 囿于本书"行政诉讼调解"之主题，主要关涉诉讼阶段行政争议之解决，暂不详述行政复议制度本身完善之内容，仅分析与本书主题相关之问题。

一、行政复议与解决行政争议

行政复议是行政机关内部对行政机关违法或不当行政行为进行监督与纠错的法律制度，是现代法治社会解决行政争议的方法之一。欲将解决行政争议之重心前移，使行政复议成为解决行政争议的主渠道，可否采取强制复议前置程序、行政复议可否和解或调解的方式值得思考。

（一）强制先行及其例外

有观点主张借鉴美国穷尽行政救济原则的有关理论与实践经验，以行政复议前置为原则对行政复议和行政诉讼之衔接进行重构。② 也有学者重点阐述美国穷尽行政救济原则适用的例外情形，并分析我国若借鉴穷尽行政救济原则时应当规定的例外情形。③ 还有学者不赞同行政复议强制先行

---

① 有关行政复议作为解决行政争议主渠道之探讨，可参见曹鎏：《作为化解行政争议主渠道的行政复议：功能反思及路径优化》，载《中国法学》2020 年第 2 期；应松年：《把行政复议制度建设成为我国解决行政争议的主渠道》，载《法学论坛》2011 年第 5 期。

② 郑烁：《论美国的"穷尽行政救济原则"》，载《行政法学研究》2012 年第 3 期，第 133 页。

③ 刑鸿飞：《论美国穷尽行政救济原则的适用例外及对我国的启示》，载《法学论坛》2014 年第 2 期，第 146 页。

原则，认为相对人自由选择模式更契合当事人的程序选择权。① 基于将行政复议打造成行政争议解决主渠道之构想，笔者赞同强制复议先行，理由有如下三种。

第一，行政复议具有专业性与便捷性之优势，符合相对人追求效率之期待。行政复议机关往往是被申请人的上一级行政机关或同级所属人民政府，既审查行政行为的合法性，也审查合理性问题。对业务范围内事项，行政机关相较于司法机关更为熟知，例如在知识产权、食品药品的质量检验检疫、工商、治安、交通等领域内的行政争议，上级行政机关本身熟知相关法律、法规规章等，此种专业素养将使得行政机关系统内部对行政行为的审查更具便捷优势。争议产生后，人们往往希望能够高效公正地解决案件。依据法律规定，行政复议案件审结时限是自受理申请之日起六十日内作出复议决定，较于行政诉讼六个月的审理时限更短，符合相对人对效率之追求。

第二，行政复议审查行政行为合理性内容与裁量行政分布广泛之现实相契合。与行政诉讼只是在例外情况下审查行政行为合理性不同，行政复议制度既审查合法性又审查合理性。行政复议对于行政行为合理性之监督要强于行政诉讼。对于行政权而言，裁量是行政的精髓，裁量行政分布广泛。如此一来，行政复议制度将行政行为的合理性问题作为固定审查内容，实则与裁量行政分布广泛之现实相契合。

第三，是对行政相对人权益多一层保障之程序设计。防止并纠正违法或不当行政行为、保障相对人合法权益，监督行政机关依法行使职权是行政复议制度之价值追求。2023 年《行政复议法》经过修订，扩大了行政复议前置的案件范围，包括对当场作出的行政处罚决定不服；对行政机关

---

① 杨伟东：《复议前置抑或自由选择——我国行政复议与行政诉讼关系的处理》，载《行政法学研究》2012 年第 2 期，第 75 页。

作出的侵犯其已经依法取得的自然资源的所有权或者使用权的决定不服；认为行政机关存在本法第 11 条规定的未履行法定职责情形；申请政府信息公开，行政机关不予公开；法律、行政法规规定应当先向行政复议机关申请行政复议的其他情形这五种情形。[①]

一言以蔽之，行政复议与行政诉讼应摆正各自角色与位置。公正与效率都是行政复议与行政诉讼追求之价值，但行政复议应当以效率作为第一价值追求，法院则以公正作为首要价值目标。

也有学者认为我国可将行政机关超越职权的行为、行政行为无效的、不可弥补的损害与徒劳无益的行为纳入适用穷尽行政救济原则的例外情形，同时指出，判断案件是否涉及纯粹的法律问题难度很大，普通公众不一定能分辨清楚，不适宜纳入穷尽行政救济原则的例外情形。[②] 其言外之意是对纯粹涉及法律问题的案件应当穷尽行政救济，再诉诸司法。

我国《行政复议法》虽然未采用列出穷尽行政救济原则的例外情形来推行复议先行，但采用肯定列举 + 兜底情形的方式明确行政复议前置的案件范围，并且规定了行政机关的告知义务。这对行政相对人、行政机关、复议机关而言更加清楚便捷、易于判断。将行政相对人对当场作出的行政处罚决定不服的案件列入复议前置，是考虑到这类行政处罚案件往往

[①] 《行政复议法》（2023）第 23 条：有下列情形之一的，申请人应当先向行政复议机关申请行政复议，对行政复议决定不服的，可以再依法向人民法院提起行政诉讼：

（一）对当场作出的行政处罚决定不服；

（二）对行政机关作出的侵犯其已经依法取得的自然资源的所有权或者使用权的决定不服；

（三）认为行政机关存在本法第十一条规定的未履行法定职责情形；

（四）申请政府信息公开，行政机关不予公开；

（五）法律、行政法规规定应当先向行政复议机关申请行政复议的其他情形。

对前款规定的情形，行政机关在作出行政行为时应当告知公民、法人或者其他组织先向行政复议机关申请行政复议。

[②] 刑鸿飞：《论美国穷尽行政救济原则的适用例外及对我国的启示》，载《法学论坛》2014 年第 2 期，第 147 页。

事实清楚、权利义务关系明确、争议不大，通过行政复议可以有效化解绝大部分案件的争议，有利于节省诉讼资源。对行政机关作出的侵犯其已经依法取得的自然资源的所有权或者使用权的决定不服的案件列入复议前置，理由在于此类案件专业性较强，适合行政复议机关审理。将行政机关未履行《行政复议法》第 11 条规定的法定职责及申请政府信息公开，行政机关不予公开的案件纳入复议前置，是考虑到如果先由法院解决，不仅耗时过长，而且由于法院无法直接要求行政机关如何具体有效履行职责，最终不利于及时有效保障相对人的合法权益。除了前四种明确列举的复议前置情形，《行政复议法》（2023）第 23 条还设置了兜底条款，允许法律、行政法规规定特殊的复议前置情形。例如《价格违法行为行政处罚规定》第 20 条规定：经营者对政府价格主管部门作出的处罚决定不服的，应当先依法申请行政复议；对行政复议决定不服的，可以依法向人民法院提起诉讼。

（二）行政复议和解与调解

我国《行政复议法实施条例》第 40 条规定了行政复议和解；第 42 条规定了经复议机关准许达成和解的，行政复议程序终止；第 50 条规定了行政复议调解。2023 年修正的《行政复议法》增加了行政复议调解书的作出、行政复议和解的内容。[①] 我国行政复议中的和解与调解的关系同行

---

① 《行政复议法》（2023）第 73 条：当事人经调解达成协议的，行政复议机关应当制作行政复议调解书，经各方当事人签字或者签章，并加盖行政复议机关印章，即具有法律效力。调解未达成协议或者调解书生效前一方反悔的，行政复议机关应当依法审查或者及时作出行政复议决定。第 74 条：当事人在行政复议决定作出前可以自愿达成和解，和解内容不得损害国家利益、社会公共利益和他人合法权益，不得违反法律、法规的强制性规定。当事人达成和解后，由申请人向行政复议机构撤回行政复议申请。行政复议机构准予撤回行政复议申请、行政复议机关决定终止行政复议的，申请人不得再以同一事实和理由提出行政复议申请。但是，申请人能够证明撤回行政复议申请违背其真实意愿的除外。

政诉讼中和解与调解的关系近似。和解与调解的区别主要在于当事人双方达成的冲突权益处置办法是否产生于第三者的劝导。主体自身对冲突权益达成合意的属于和解，产生于第三者劝导的属于调解。行政复议与行政诉讼一样，审理的是行政纠纷，因而具有监督行政机关依法行政之性质。对此，行政复议制度是否能够允许和解，实有争议。

在我国，《行政复议法实施条例》和《行政复议法》（2023）既规定了复议和解，亦规定了复议调解。二者的区别在于：一是复议调解的达成有行政复议机关的主持和组织；复议和解有赖于申请人和被申请人自行达成和解。二是经复议调解后，行政复议机关制作的行政复议调解书可以终结行政复议程序，并且根据《行政复议法》（2023）第78条的规定，生效的调解书可以成为强制执行的依据；但行政复议和解不能终结行政复议程序。根据《行政复议法》（2023）第74条规定，当事人达成和解后，由申请人向行政复议机构撤回行政复议申请，是否准予撤回行政复议申请，行政复议机构需要进行审查。

行政复议调解与行政诉讼调解的适用条件类似，关键还得看行政机关就复议（诉讼）标的是否具有处分权。关于处分权的问题，前文已有详细论述。简言之，裁量权不是处分权，行政机关的处分权包括实质上的处分权与形式上的处分权。实质上的处分权是行政机关对标的之事物的管辖权与地域管辖权。形式上处分权是指以缔结契约之方式行使公权力。故而，裁量权并非行政机关达成调解的充分必要条件。裁量权或许可以影响行政机关达成调解之范围，但行政机关能否达成复议调解还得看是否拥有处分权。

二、审慎推进执法和解

行政诉讼中当事人双方能否达成和解的关键条件在于行政机关是否具

有处分权，分为形式与实质两方面。形式上处分权是指行政机关得以缔结契约之方式行使公权力之权限；实质上处分权则指行政机关对相关诉讼标的之事物管辖权及地域管辖权。[①] 换言之，行政诉讼中，当事人双方能否达成和解主要在于行政机关能否以缔结契约之方式行使行政权进行社会管理，也即"契约行政"——行政机关以契约方式行使行政权，通过与行政相对人达成契约实现社会管理的行政模式。在契约行政兴起的当下，我国对于契约行政仍应保持审慎态度。

（一）契约行政产生之特定环境背景

契约行政同 ADR 一样，产生于普通法国家。在政府事务管理方面，欧陆国家采取科层型权力组织结构，实行官员的职业化，并具有严格的等级秩序，遵循富有逻辑化的技术性标准进行决策，官方调查程序具有排他性。普通法国家则采取协作型权力组织模式，官员外行化，权力平行分配，崇尚实质正义。[②] 因为官员外行，私人程序行动往往被认为具有合法性——权力机构很愿意将程序行动委托出去。[③] 于是契约行政、ADR 产生于协作型权力组织模式下的普通法国家。

（二）审慎推进契约行政

鉴于我国的国情与实践，契约行政宜审慎推进。我国属于典型的科层

---

① 刘宗德、彭凤至：《行政诉讼制度》，载翁岳生编：《行政法》，元照出版公司 2006 年版，第 495 页。

② 此处的"实质正义"用来指称协作式官员采用的决策标准，包括实践的常识和审慎、伦理、政治或宗教规范，与科层型权力组织结构下逻辑化、形式化的决策模式相对。参见［美］米尔伊安·R. 达玛什卡：《司法和国家权力的多种面孔》，郑戈译，中国政法大学出版社 2015 年版，第 24－36 页。

③ 米尔伊安·R. 达玛什卡：《司法和国家权力的多种面孔》，郑戈译，中国政法大学出版社 2015 年版，第 82 页。

型权力组织结构，官员职业化，具有严格的机构等级秩序。在社会管理与司法审判活动中，国家机关遵循逻辑化的技术性标准或法条主义进行决策或审判。目前，我国法治建设尚处在不断完善阶段。以契约方式推进社会管理，应当限定适用条件，以免影响法治国家、法治政府、法治社会的建设进程。例如，对于个别学者主张之行政执法实践中的"行政执法和解"，应当保持审慎之态度。

虽然在社会管理中，行政执法和解作为一种执法方式，在特殊情况下能够增强行政执法效能、保障人民权利、化解行政纠纷，不致浪费行政成本，具备不可多得之功能，但在司法实践上，行政执法和解的适用仍存在一定的争议性。

1. 我国关于行政执法和解的几种观点

有学者总结出行政执法和解之概念内涵为"在行政执法过程中，当事实、法律观点不明确且这种不确定状态不能查明或非经重大支出不能查明时，行政主体与相对人就此不确定状态进行协商达成协议"。[①] 该观点限定了执法和解之具体条件，可称为"限定条件和解说"。亦有学者主张构建行政裁量的和解制度可称为"行政裁量和解"。[②] 也有观点不主张限定和解之具体条件，可称为"宽松条件和解说"，认为在行政执法过程中行政机关与行政相对人通过自愿、平等协商，解决行政纠纷的活动都是行政执法和解。[③] 另有观点认为"限定条件和解说"与"宽松条件和解说"以缔结协议达成和解，显得单一僵化，主张行政执法和解不仅可以通过签

---

① 张红：《破解行政执法和解的难题——基于证券行政执法和解的观察》，载《行政法学研究》2015 年第 2 期，第 23 页。

② 周佑勇、李俊：《论行政裁量中的和解——以德国法和美国法为视角》，载《行政法学研究》2007 年第 1 期，第 2 页。

③ 王婷、张平：《论行政执法和解的风险控制——以反垄断法等特殊执法领域为视角》，载《政法学刊》2015 年第 6 期，第 22 页。

订行政契约方式实现，亦可通过单方行政决定实现，可称为"多种模式和解说"①。笔者认为，以上关于"行政执法和解"之见解指代的是德国行政程序中的"和解契约"制度。但"行政裁量和解说""宽松条件和解说""多种模式和解说"误解或不当扩大了"和解契约"之内涵。

2. 境外之执法和解

一直以来，行政契约在行政法上争议颇多，理由有二：第一，契约本属私法之概念，讲究双方地位平等的权利主体之合意，但公法关系皆属权力支配关系，当事人彼此关系并不平等，"合意"实难产生。第二，"契约自由"属于私法中一项根深蒂固之基本原则，与公法上"依法行政"基本原则在本质上不易调和。即便随着时代发展，观念更新，行政契约在公法领域逐渐被接纳，适用愈发普遍，但各地区立法仍保有对行政契约适用之限制，例如《德国行政程序法》规定"法规无相反规定为限""依其性质或法规规定不得缔约者，不在此限"。②

通常而言，在德国，在法规无相反规定的情况下，行政机关可以自由选择是否以订立行政契约之方式行使行政权，但明确规定了订立"和解契约"之前提条件，以免行政权滥用。

3. 我国行政执法和解观点之谬误

以上我国关于行政执法和解之学说中，"宽松条件和解说"未提及诸如"法律法规无相反规定为限"的限制条件，仅从一般意义而言，认为行政机关可与行政相对人订立行政契约尚不合理，如果将其作为"和解契约"制度之内涵更属不妥。

---

① 方世荣、白云锋：《行政执法和解的模式及其运用》，载《法学研究》2019 年第 5 期，第 88 页。

② 《德国行政程序法》第 54 条第 1 句：公法范畴的法律关系可以通过合同设立、变更或撤销（公法合同），但以法规无相反规定为限。参见 G. 平特纳：《德国普通行政法》，朱林译，中国政法大学出版社 1999 年版，第 240 页。

"行政裁量和解说"认为行政机关具有裁量权即可与行政相对人订立行政契约，实属误解了裁量权与处分权之关系，此部分内容在前文已详细论述，此不赘述。

"多种模式和解说"认为行政机关不仅可以通过签订行政契约的方式与行政相对人达成和解，亦可通过单方行政决定实现。笔者认为，行政机关若要与行政相对人达成和解，只能以签订行政契约之方式，单方行政决定不应成为达成和解之方式。理由有二：

第一，行政契约由双方意思表示之合意成立而且只有经过双方当事人同意后，始有具体之内容存在，而单方行政决定属于行政机关的单方意思表示，不可能产生行政契约那种双方"合意"之意思表示。即使在"须相对人同意协力之行政行为"中，亦仅由行政机关单方意思即可产生法律效果，无须相对人同意亦可生效。①

第二，混淆了行政契约与柔性执法或文明执法。强调柔性执法与文明执法，意在去除行政机关执法过程中的恣意与粗暴，讲究依程序执法，通过保障相对人程序性权利达至保障实体权利之目的。但文明执法并不意味着不能运用行政命令、行政强制等单方行政决定而只能以协商沟通的方式进行。如果将保障相对人程序性权利、提倡文明执法等同于协商合意，岂不是所有的单方行政行为都是和解，和解也都是单方行政行为？如此可见其谬误所在。因此，相对人与执法机关就违法性质、违法程度、处罚种类和幅度等问题进行交涉，只是在陈述申辩。行政机关由此查明事实，进行裁量行政，采纳或不采纳行政相对人陈述之理由，仍是行政机关单方决定之权限，此单方决定之成立无须以对方应允为前提条件。

我国目前尚未制定统一的行政程序法，湖南、山东、江苏等省份制定

---

① 林明锵：《行政契约》，见翁岳生：《行政法》（上），元照出版公司 2020 年版，第 706 页。

了行政程序规定，也仅提及了双务行政合同，对和解契约未有提及。上文所言之"行政执法和解"准确地讲属于"和解契约"。即使从提升行政效能、保障人民权利、节约行政成本、减少行政纠纷角度出发，意欲推广"和解契约"，笔者仍认为应当坚持谨慎态度，明确其适用条件：客观上存在事实或法律状态不明确、不明确状态不能或需费甚巨始能排除、契约之缔结须能有效达成行政目的、双方互相让步（不得仅一方让步），以规范行政权之行使，提高人民预测之可能性。

（三）诉讼（复议）和解与行政执法和解

此处还有一个问题值得回应，在行政诉讼或行政复议程序中，行政机关是否能够达成行政执法中的和解契约。答案是否定的，因为行政诉讼中的和解与行政执法中的和解二者构成要件不一样。行政执法中，行政机关与行政相对人达成和解需要具备客观上存在事实或法律状态不明确、不明确状态不能或需费甚巨始能排除、契约之缔结须能有效达成行政目的、双方互相让步（不得仅一方让步）这些条件，目的是规范行政权行使，保障相对人权益。行政诉讼中的和解构成要件包括：当事人适格、须于诉讼系属中在受诉法院前订立、当事人须对标的有处分权并互相让步、不违反公益、制作和解笔录。

因此，行政执法中，行政机关与行政相对人能否达成和解契约以代替行政处分，主要在于客观上是否存在事实或法律状态不明确之情形，这种不明确状态不能或需耗费巨大才能排除，达成和解契约有利于行政目的之达成，且双方互有让步。但诉讼上和解的关键要件在于行政机关对诉讼标的是否具有处分权。所以，当相对人对行政机关作成之行政行为不服，提起诉讼后，行政机关也不得以客观上存在事实或法律状态不明确为由，与相对人达成和解，除非行政机关对该事项具有处分权。因此行政机关不能对作成之行政行为提出充分的证据证明其具备合法性，足以说明行政机关在作出行政行为之时，证据不足或法律依据不足，依据法律规定，应当被撤销，而不能达成诉讼或复议和解。

行文至此，无论前文对行政诉讼调解笔墨甚多，抑或此处略微提及之行政复议调解，均可看出审理机关如果对解决行政争议是促使行政机关改变行政行为，以诉讼（复议）调解结案，实乃不恰当之干预。因为既不是当事人之间的和解，也不是受理机关经合法性审查作出的裁判（决定）。此种方式表面上看似当事人和解，实质上是法院以司法权干预，但又未发挥司法权应有的监督行政机关依法行政之作用。故而审理机关着实不能对行政行为的合法性采取模棱两可、回避或调和的态度。诉讼上和解有明确的构成要件，关键在于行政机关是否具有处分权，不能任由法官随心所欲地促成和解。

第二节 法院协调

经过前文分析可知，我国现行的行政诉讼调解是一项理念与程序设计不十分对应的制度。在理念上，我国行政诉讼调解与德国行政诉讼中的法官调解不谋而合，旨在解决纷争、消弭冲突，在适用范围等程序设计上却试图参考德国诉讼和解的运行轨迹。为了消除此种不和谐，笔者在前文建议将我国的行政诉讼调解完善成诉讼上和解制度，调解仅作为裁判说理的手段存在，不作为一项案件审理制度展开。德国的法官调解制度，以解决争议、实现双赢为目的，与行政机关的处分权无关。我国早已有实践尝试和相关理论研究①，但因为概念使用上的惯性，而且对诉讼和解制度存在认识上的误解，易产生混淆，遂此处运用"法院协调"的概念指代法院为解决行政争议而作出的一系列外围协调性活动。

一、法院协调的内涵

林莉红教授最早指出，法院为解决行政争议所实施的外围协商、沟通、调停活动不是调解，而是法院协调。② 我国法院的此种协调活动与德国行政诉讼中法官调解之举措类似，二者的操作过程比较接近，但产生之背景不完全一样。

（一）我国法院协调的产生背景

自21世纪以来，我国受到合作行政理念影响，加上"以和为贵""化干戈为玉帛"式"终止纷争"的理念在我国历史悠久，法院利用审判权协调原被告双方利益诉求以解决纷争的情况屡见不鲜。只是我国的法治建设相对不完善，我国法院协调原被告双方利益、寻找解决方案的做法的产生更大程度上是迫于法律规范不健全、社会转型时期利益多元化碎片化、司法缺少独立和权威等原因。但德国的法院调解，是在法治建设比较完善的情况下，为了缩短行政法院裁判所需期间、疏减讼源、提升司法品质、实现当事人双方的共赢而提出。③ 一言以蔽之，我国的法院协调是在

---

① 在2014年以前，行政诉讼实践中经常出现"协调和解撤诉"之情形，这些情形中大多是没有法律依据的诉讼和解，其他的部分情形类似于德国的法官调解，因为缺乏明确的法律规定，实践操作不如德国法官调解制度规范。

② 林莉红：《论行政诉讼中的协调——兼评诉讼调解》，载《法学论坛》2010年第5期，第47页。

③ 刘建宏：《法治国图像变迁下司法权功能之再探讨——德国行政诉讼中法官调解制度之研究》，载《政大法学评论》总第142期（2015年9月），第366页。

法治建设尚不健全时期的权宜之计，而德国的法院调解是法治建设比较完善情况下的锦上添花。

（二）我国法院协调的内涵

有学者指出法院在审理行政案件的过程中主动适用法律的基本原则和具体规定，在双方当事人之间，以及其他相关各方之间进行的协商、调停、沟通，探索案件处理办法的活动是协调，不是调解。在行政诉讼中，当面对由于行政机关决策失误、管理水平低下、行政法律规范缺失、经济发展水平受限等原因带来的诸多问题时，法院很难依据行政诉讼法的规定对案件作出判决，或者即使依据法律规定作出正确裁判依然未能解决相对人关切之问题，故而往往需要在处理行政案件过程中做大量的协调工作。[①] 例如，经济生活困难的群众违法搭建房屋，违法经营日常百货，住建部门、市场监督管理部门对相应违法行为予以取缔、拆除。行政相对人认为两部门侵犯权益，诉诸法院寻求救济。经审查，行政决定不存在违法性问题，法院出于同情并未判决驳回原告诉讼请求，反而做了一些协调工作，促使行政机关、社会力量帮助原告解决部分生活困难，进而依法作出裁判。

此外，此种协调不仅存在于诉讼程序中，在行政复议程序中也十分常见。有观点认为行政复议案件审理中存在"协调结案"——复议机关、复议参加人乃至案外人，就如何处理案件展开对话，实质性化解行政性争议活动，它包括但不限于突破行政复议和解、调解，与行政复议和调、调解具有家族相似性，是以协商对话为内核的案件审理方式。[②]

---

① 林莉红：《论行政诉讼中的协调——兼评诉讼调解》，载《法学论坛》2010年第5期，第47页。

② 张少波：《行政复议中"协调结案"的中国式图景——基于1132件行政复议案件的分析》，载《行政法学研究》2020年第1期，第131页。

二、适用范围初探与程序设计

是否将政治性判断、政策、道德、民意等内容纳入司法裁判的考量范围是形式法治和实质法治的重要区分点。此外，案件的审理方式也是凸显形式法治与实质法治不同色彩的表现方式。在以追寻形式法治为主要目标的当下，我国对于法院协调应当限定范围，并完善相关配套程序。

（一）适用范围初探

在德国，适合进行法官调解的行政争讼案件主要有高度复杂的争议、原告极度受挫的案件、涉及特别重大利益且亟须快速解决的案件、一直未参加诉讼成为当事人的第三人却要受拘束的案件。高度复杂的争议是程序当事人已经争议相当长的时间，仍一直产生新的冲突，而且有可能有新的争讼程序系属的案件。在这类案件中，当事人之间常有多个同时进行的争讼程序，冲突点彼此交织，可以算得上高度复杂的争议。此外，还有一类案件，原告之所以会向法院起诉，是因为受到行政机关羞辱性对待或者受尽法律折磨极度愤怒，要把法院诉讼程序当作决一死战的工具，而事实上想争执的，单纯就只有法律上的问题而已。[1] 笔者将这类案件称为原告感情极度受挫之案件。

基于法院协调是在双方当事人，以及其他相关各方之间进行的协商、调停、沟通，探索案件处理办法，因此对于解决行政争议的法院协调应主要以疑难案件为主。

---

① Joachim von Bargen：《德国行政诉讼上法官调解制度——传统诉讼程序之外的另一种选择》，江嘉琪译，载《中正大学法学集刊》总第 46 期（2015 年 1 月），第 15 页。

1. 疑难案件

法院协调或者德国的法官调解目的在于解决纷争、消弭冲突，此种在相关利益群体间进行沟通、调停、协商的纷争解决方式因为超出了法院本来意义上的审判权限范围，实质上扮演着行政机关管理社会、分配公益之角色，故而并不适合于大量的常规案件。

苏力教授对常规案件以外的案件提到了三种：疑难案件、重大案件、难办案件。他指出"疑难案件"是案情复杂、事实不清的案件；"重大案件"是影响巨大的案件；"难办案件"是事实清楚却没有明确的法律可以适用或适用的结果不合情理的案件。[①] 笔者认为苏力教授提到的这三类案件并非遵循同一划分标准，彼此之间存在交叉。例如，重大案件有可能属于疑难案件，也有可能属于难办案件；疑难案件也有可能缺乏可以明确适用的法律或适用的结果不合情理而属于难办案件。即使如此，某些案件虽然缺乏可以明确适用的法律，也可以在现有法律体系框架内，运用各种法律解释与推理获得裁判。故而，笔者认为，案情高度复杂的案件适合法院协调。

2. 原告感情极度受挫之案件

上文笔者假设"原告生活困难"案件，实乃案情简单、事实清楚的常规案件，如果从争议是否高度复杂角度来判断，并不适合法院协调。但如果从情感角度，原告经济困难，因从事未得许可之经营而被取缔，建筑物亦被拆除，可能其自身并不知道已涉嫌违法，情感受挫，诉诸法院寻求救济。此时，法院可以选择协调，在有关行政机关与当事人、案外人之间进行沟通、协商以解决此类案件。

不过，这类案件是利益资助分配与执行环节上的问题，属于行政机关依法行使行政权解决之问题，法院不应当频繁干涉，否则有司法权僭越行

[①] 苏力：《法条主义、民意与难办案件》，载《中外法学》2009 年第 1 期，第 93 页。

政权之嫌疑。

3. 超出司法权审判范围的案件

例如，涉及行政机关地域管辖权划分。在"勾某诉辽宁省葫芦岛市公安局交警支队行政处罚一案"① 中，被告认为原告在禁止左转的地方转弯掉头系属违法，对其罚款 150 元，原告不服，提起诉讼。诉讼中，锦州市公安交警支队出具证明证实原告该次违章属于信息录入错误。后经法院主持调解，原被告双方达成协议，被告葫芦岛市公安交警支队撤销了处罚决定，退还罚款并承担案件受理费 50 元，法院制作行政调解书，终结诉讼。锦州市和葫芦岛市是两个并无隶属关系的地级市，为何锦州市公安交警支队出具证明后，葫芦岛市公安交警支队遂作出撤销处罚决定，并退还罚款？行政调解书并未记载达成协议之过程，被告自愿撤销处罚决定、退还罚款背后有无隐情不得而知。经过翻查地图，锦州与葫芦岛是地域相邻的两个地级市，该案件是否涉及行政区域边界争议，进而导致两地交警支队对相邻地界产生土地管辖权限划分之争亦无法知晓。

假设，原告的疑似违章行为恰好出现在锦州与葫芦岛的争议地段，葫芦岛市公安交警支队率先作出违章处罚，原告不服，向当地法院提起行政诉讼。锦州与葫芦岛两地公安交警支队对原告疑似违章行为持有相反认定结论，法院虽对一定范围内的行政争议案件具有管辖权限，但对行政机关与行政机关之间的地域管辖争议缺乏管辖权。根据《行政区域边界争议处理条例》第 6 条、第 12 条②规定可知，行政区域边界争议由民政部门主

---

① 辽宁省兴城市人民法院（2017）辽 1481 行初 1 号行政调解书。

② 《行政区域边界争议处理条例》第 6 条规定：民政部是国务院处理边界争议的主管部门。县级以上的地方各级人民政府的民政部门是本级人民政府处理边界争议的主管部门。第 12 条规定：省、自治区、直辖市境内的边界争议，由争议双方人民政府协商解决；经协商未达成协议的，双方应当将各自的解决方案并附边界线地形图，报双方的上一级人民政府处理。争议双方的上一级人民政府受理的边界争议，由其民政部门会同有关部门调解；经调解未达成协议的，由民政部门会同有关部门提出解决方案，报本级人民政府决定。

管处理，并不属于法院事务管辖。此时，法院若直接采纳锦州市交警支队与葫芦岛市交警支队任何一方提供之证据，进而作出葫芦岛市交警支队行政处罚合法与否的判决，是对这两地边界争议的间接处理，越俎代庖。此时，法院适宜采取协调处理此案。

综上所述，此种协调虽然不涉及法院对法律规则之质疑进而参与立法，但或多或少发挥了司法权在个案中保障平等与个人自由之作用，进而实现社会公正。这种协调具有司法能动主义的影子。笔者认为，基于我国政体、法治建设之水平与总体进程，此种司法能动仍应以司法克制主义为总体基调，法院协调适用的案件范围应采取比较严格之限制。亦即，但凡需要法院协调各方利益才能解决之事项，着实已经超出法院司法权之权限，法院协调实属权宜之计，找出立法制度与行政执法过程中存在之问题症结，直面问题、解决问题才能减少此类诉讼纠纷。

（二）关键程序设计

立足于消弭冲突、解决纷争之目的，对于超出法院审判权限的协调，不仅在适用范围上有所限定，在关键程序要点上亦应当考虑周全，大致包括以下四方面内容。

1. 由不具备案件审判权的法官进行协调

为避免法院混同行政争议案件的"协调"与"裁判审理"，对于准备适用法院协调的行政争议案件，应当交由不具备案件审判权限的法官进行。协调程序的开启应由两造合意申请而为之，当事人同意后，该案法官应将案件移付协调法官，即不具有案件审判权的法官进行。协调程序的进行及其结果，应记明于笔录。内容包括协调法院之名称、日期、案号、协调法官姓名、协调程序起止时间、本案诉讼事件原被告、代理人、到场其他关系人、协调成立之条款，并由协调法官签名。

2. 保密性规定

大陆法系国家的诉讼上和解以当事人具有处分权为核心要件予以展开，本书所研究之我国行政诉讼调解，虽是诉讼和解与德国法官调解的综合体，实际上是以大陆法系诉讼上和解制度为蓝本进行程序设计的，只是混淆了裁量权与处分权，并且掺进了解决纷争、消弭冲突的欲求，故而也可以看成以当事人具有处分权为前提要件展开的制度设计。行政争议涉及公权力行使，行政诉讼上和解未涉及保密性规定。

德国法官调解与行政诉讼上和解不一样。德国法官调解制度之成败，往往取决于能否营造双方当事人互信之氛围，于是具有私密性，不适用公开原则，以避免因不特定之人到场而使当事人产生疑虑，影响调解程序之顺利进行。德国调解制度对调解人及所有参与调解程序者课予保密义务①。如此，为促使相关利益主体和盘托出争议资讯，以便于行政争议之解决，适用保密性规定亦是情理之中。不过为了避免通过法院协调作出侵害公益之举动，保密性义务应当具有例外，例如基于公共秩序优先之理由。

3. 将相关案外人纳入协调程序

此处的案外人可能是一直未参加诉讼成为当事人的第三人，也可能是潜在的利益相关人。将案外人纳入协调程序，在原告、被告、第三人、案外人之间寻找案件解决的突破口，形成促使多方共赢之案件解决方案。例如德国的弗莱堡"加油站事件"，抑或前文列举的"原告生活困难"

---

① 《德国调解法》第 4 条中规定："除法律另有规定外，调解人及其他参与调解程序者对于其因参与调解程序所知悉之一切资讯，负有保密义务。但下列情况不在此限：披露在调解程序中协议之内容为实现或执行该协议所必要者；披露系基于公共秩序优先理由之要求，特别是为了防止对于儿童利益之危害，或者避免以对于个人身体或心理完整性之重大影响者；相关事实已显著，或者依其内容已无保密之必要者。"参见刘建宏：《法治国图像变迁下司法权功能之再探讨——德国行政诉讼中法官调解制度之研究》，载《政大法学评论》总第 142 期（2015 年 9 月），第 375 页。

案件。

4. 合法地终结诉讼程序

案件协调如不能成立，应将案件移付原法官继续审理。如果案件实质争议获得解决，法院协调即告成立。但协调终归不是终结诉讼系属之原因，故在程序上，当事人尚需以诉讼上和解、原告撤回诉讼之方式，终结诉讼系属。如果当事人之间存在争议焦点或诉讼费用有待明确时，该案法院可以作出相关裁定。

总而言之，法院协调是法院在审理行政案件的过程中主动适用法律的基本原则和具体规定，在双方当事人之间，以及其他相关各方之间进行的协商、调停、沟通，探索案件处理办法的活动，此种协调可能不限于案件裁判本身，有可能超出法院审判权之权限范围，故而具有一定程度的司法能动主义倾向。法官协调作为一种解决行政争议、消弭冲突的实践操作，在适用范围与程序设计上应当谨慎并周密设计。这与目前我国应当加强并完善形式法治建设之主要任务相左，应当尽量保持克制。

本章小结

本章是在调整我国行政诉讼调解制度之后，对法院解决行政争议的展望，涉及行政争议解决重心的前移以及法院协调制度。行政争议解决重心的前移主要围绕行政复议阶段和行政执法阶段的和解展开。行政复议中行政争议的和解同样应当以行政机关具有处分权为核心要件，内容包括享有事务管辖权、地域管辖权以及可以订立契约之方式行使行政权。在行政执法过程中，行政机关与相对人的和解应当遵循明确的适用条件：客观上存在事实或法律状态不明确、不明确状态不能或需费甚巨始能排除、契约之缔结须能有效达成行政目的、双方互相让步（不得仅一方让步），以规范行政权之行使，提高人民预测之可能性。

此外，阐述了我国的法院协调制度。法院协调是法院为解决行政争议所作的外围性协商、调停、沟通活动，有可能超出司法审判之权限，存在司法能动主义倾向。鉴于我国目前形式法治建设与完善之主要目标，法院利用协调解决行政争议应当保持克制。对此，在适用范围上，笔者初步列举疑难案件、原告情感极度受挫之案件以及超出法院司法审判权限之案件。在程序要点设计上，司法实践应当确保将案件交由不具备审判权之法官进行协调，遵循保密性规定且合法地终结诉讼系属，将相关案外人纳入协调程序等要求。

结　　语

　　以 2014 年《行政诉讼法》修正为节点，行政诉讼立法对诉讼调解的态度经历了大幅度转变。相关法条虽在原则上仍然明确人民法院审理行政案件不适用调解，但例外情形已从单纯的"行政赔偿案件"扩展至"行政赔偿、补偿以及行政机关行使法律、法规规定的自由裁量权案件"。近几年行政诉讼调解实践证明，诉讼调解对解决土地征收、房屋拆迁补偿、抚恤金与社会保险待遇给付等关系民众切身利益之行政争议起到不可小觑之作用，但适用实践仍存在一些问题，尤其是裁量权案件的诉讼调解。这主要源于该项制度本身存在一定的逻辑悖论，"有限调解"之制度定位与"无限适用"调解范围之矛盾。

　　行政诉讼立法允许诉讼调解，虽然解决了司法实践行政诉讼调解行为无法可依之问题，但终究只是权宜之计。因为这仅仅是为法院利用调解审理行政案件解决争议，提高效率，却不能作为行政机关处分公权力的依据。进一步看，《行政诉讼法》规定在一定情形下法院审理行政案件可以适用调解，适用范围看似有限，在实践中，这个适用范围有扩大化之风险。从静态角度来看，我国的行政诉讼调解是一项理念与程序设计混杂的制度，将行政诉讼之诉讼上和解与法官调解杂糅在一起，从动态来看，是当事人和解、法官调解与审判相互交织的产物。

　　追本溯源，行政诉讼调解制度的确立源于"效果统一论"这一司法政策之渲染。"效果统一论"表达了人们追求社会公正的美好愿景，然而

"效果统一论"不是一项完全符合法治原则的司法政策。以预想结果为导向指引司法裁判,容易使审判过程掺杂诸多法外因素,裁判公正性遭受质疑。裁判与调解两种截然不同的处理方式同时存在于行政诉讼程序中,必然引起两种不同理念之冲突。调解与裁判功能日渐混同,行政诉讼裁判之功能将被削弱,行政诉讼调解存在权力操作的风险。因此,从理性角度考虑,司法实务界应当适当取舍"效果统一论"之司法政策,坚持被动司法下积极司法之理念,同时遵循法条主义裁判进路,强化规则治理。

镶嵌在行政诉讼制度中的行政诉讼调解,应当契合行政诉讼制度本身之价值定位。行政诉讼作为一项司法救济手段,对其提出实质性化解行政争议实属不妥,不能以当事人满意度为评价标准,而应当定位于"监督行政"。笔者认为,立法确定的行政诉讼"解决行政争议"之立法目的只能作相对性解释。这种相对性解释,应当以行政诉讼审查行政行为合法性为内容,达到监督行政机关依法行使职权之目的。对此,应将我国的行政诉讼调解制度完善为纯粹的当事人诉讼上和解制度。行政机关对诉讼标的具有处分权,和解内容的履行涉及第三人利益的,经第三人书面同意始生效力,由法院制作的和解官方文书应当公开是其运行的主要条件。调解仅作为法院的裁判说理活动而非结案方式存在,应当以行政行为合法性审查为前提,避免出现法院运用调解审理行政案件导致法外因素过多干扰司法审判程序的情况。

与此相呼应,应当充分发挥行政复议解决行政争议的主渠道作用,将解决行政争议的重心前移至诉讼之前。行政复议中行政争议的和解同样应当以行政机关具有处分权为核心要件。在行政执法过程中,行政机关与相对人的和解也应当遵循明确的适用条件,在必要的情况下,可以允许法院超出司法权限为解决行政争议作一些外围性的协商、调停、沟通活动。鉴于目前我国形式法治建设任重道远,法院利用协调解决行政争议仍应当保持克制。

2020 年，习近平总书记在中央全面依法治国工作会议上指出，法治是国家治理体系和治理能力的重要依托，要更好发挥法治固根本、稳预期、利长远的重要作用，要用法治给行政权力定规矩、划界限。由此，法院应当牢牢坚守维护社会公正的最后一道防线，主要通过依法裁判为行政权之行使树立规则。法院之权威需要外界广泛认可予以强化，这固然可以通过诉讼调解解决行政争议获得一时之改善，但依法裁判才是提高司法公信力之源泉，行政诉讼调解的运作应当致力于强化法治建设，而非弱化。

参考文献

一、中文著作

[1] 马立群. 行政诉讼标的研究——以实体与程序连接为中心 [M]. 北京：中国政法大学出版社，2013.

[2] 马怀德. 行政诉讼原理 [M]. 2 版. 北京：法律出版社，2009.

[3] 马怀德. 司法改革与行政诉讼制度的完善——《行政诉讼法》修改建议稿及理由说明书 [M]. 北京：中国政法大学出版社，2004.

[4] 唐力. 民事诉讼构造论——以当事人与法院作用分担为中心 [M]. 北京：法律出版社，2006.

[5] 李建良. 行政法基本十讲 [M]. 4 版. 台北：元照出版有限公司，2013.

[6] 梁凤云. 新行政诉讼法逐条注释 [M]. 北京：中国法制出版社，2017.

[7] 刘善春. 行政诉讼价值论 [M]. 北京：法律出版社，1998.

[8] 林莉红. 中国行政救济理论与实务 [M]. 武汉：武汉大学出版社，2000.

[9] 林莉红. 行政诉讼法学 [M]. 武汉：武汉大学出版社，2020.

[10] 林莉红，等. 行政诉讼法问题专论 [M]. 武汉：武汉大学出版社，2010.

［11］林莉红：行政法治的理想与现实——《行政诉讼法》实施状况实证研究报告［M］. 北京：北京大学出版社，2014.

［12］顾培东. 社会冲突与诉讼机制［M］. 北京：法律出版社，2016.

［13］顾培东. 当代中国司法研究［M］. 北京：商务印书馆，2022.

［14］郭晓光. 民事诉讼调解新论［M］. 北京：中国政法大学出版社，2013.

［15］关保英. 行政法的价值定位［M］. 北京：中国政法大学出版社，1997.

［16］龚祥瑞. 法治的理想与现实——《中华人民共和国行政诉讼法》实施现状与发展方向调查研究报告［M］. 北京：中国政法大学出版社，1993.

［17］何磊. 行政诉讼调解制度研究［M］. 银川：宁夏人民出版社，2016.

［18］何海波. 实质法治——寻求行政判决的合法性［M］. 北京：法律出版社，2009.

［19］何海波. 行政法治奠基时——1989 年《行政诉讼法》史料荟萃［M］. 北京：法律出版社，2019.

［20］胡建淼. 公权力研究［M］. 杭州：浙江大学出版社，2005.

［21］胡建淼. 行政诉讼法修改研究——《中华人民共和国行政诉讼法》法条建议及理由［M］. 杭州：浙江大学出版社，2007.

［22］黄启辉. 行政救济构造研究——以司法权与行政权之关系为路径［M］. 武汉：武汉大学出版社，2012.

［23］韩大元，林来梵，郑贤君. 宪法学专题研究［M］. 北京：中国人民大学出版社，2008.

［24］季卫东. 法治秩序的建构［M］. 北京：中国政法大学出版社，1999.

［25］江必新，邵长茂. 新行政诉讼法修改条文理解与适用［M］. 北京：

中国法制出版社，2015.

[26] 江必新，梁凤云．行政诉讼法理论与实务（上、下卷）［M］．北京：法律出版社，2016.

[27] 姜明安．行政法与行政诉讼法［M］．北京：北京大学出版社，高等教育出版社，2011.

[28] 江利红．日本行政诉讼法［M］．北京：知识产权出版社，2008.

[29] 江伟．民事诉讼法［M］．北京：高等教育出版社，2007.

[30] 江伟，肖建国．民事诉讼法［M］．北京：中国人民大学出版社，2018.

[31] 全国人大常委会法制工作委员会行政法室．中华人民共和国行政诉讼法解读［M］．北京：中国法制出版社，2014.

[32] 全国人大常委会法制工作委员会民法室．中华人民共和国民事诉讼法解读（2012 年最新修订版）［M］．北京：中国法制出版社，2012.

[33] 夏勇．法理讲义——关于法律的道理与学问（上、下）［M］．北京：北京大学出版社，2010.

[34] 徐显明．法理学［M］．北京：中国政法大学出版社，2007.

[35] 徐昕．论私力救济［M］．北京：中国政法大学出版社，2005.

[36] 徐昕．纠纷解决与社会冲突［M］．北京：法律出版社，2006.

[37] 徐亚文．程序正义论［M］．济南：山东人民出版社，2004.

[38] 解志勇．行政诉讼调解［M］．北京：中国政法大学出版社，2012.

[39] 左卫民，等．中国基层纠纷解决研究——以 S 县为个案［M］．北京：人民出版社，2010.

[40] 最高人民法院行政审判庭．最高人民法院行政诉讼法司法解释理解与适用（上、下）［M］．北京：人民法院出版社，2018.

［41］最高人民法院行政审判庭．行政诉讼文书样式（试行）［M］．北京：人民法院出版社，2015.

［42］孙笑侠．法律对行政的控制［M］．北京：光明日报出版社，2018.

［43］孙笑侠．程序的法理［M］．北京：社会科学文献出版社，2017.

［44］朱景文．比较法社会学的框架和方法——法制化、本土化和全球化［M］．北京：中国人民大学出版社，2001.

［45］卓泽渊．法治国家论［M］．北京：法律出版社，2018.

［46］卓泽渊．法理学［M］．北京：法律出版社，2004.

［47］赵钢，占善刚，刘学在．民事诉讼法［M］．武汉：武汉大学出版社，2015.

［48］赵清林．行政诉讼类型研究［M］．北京：法律出版社，2008.

［49］周佑勇．行政法基本原则研究［M］．武汉：武汉大学出版社，2005.

［50］周佑勇．行政法原论［M］．北京：北京大学出版社，2018.

［51］周佑勇．行政法专论［M］．北京：中国人民大学出版社，2010.

［52］张焕光，胡建淼．行政法学原理［M］．北京：劳动人事出版社，1989.

［53］张希坡．马锡五与马锡五审判方式［M］．北京：法律出版社，2013.

［54］张卫平．民事诉讼：关键词展开［M］．北京：中国人民大学出版社，2005.

［55］张卫平．民事诉讼法［M］．北京：法律出版社，2016

［56］陈新民．中国行政法学原理［M］．北京：中国政法大学出版社，2002.

［57］沈宗灵．法理学［M］．北京：北京大学出版社，2000.

[58] 叶必丰. 行政法的人文精神 [M]. 北京：北京大学出版社，2005.

[59] 叶必丰. 行政行为原理 [M]. 北京：商务印书馆，2014.

[60] 于安. 德国行政法 [M]. 北京：清华大学出版社，1999.

[61] 余凌云. 行政契约论 [M]. 北京：中国人民大学出版社，2000.

[62] 余凌云. 行政自由裁量论 [M]. 北京：中国人民公安大学出版社，2005.

[63] 闫庆霞. 法院调解制度研究 [M]. 北京：中国人民公安大学出版社，2008.

[64] 杨建顺. 行政规制与权利保障 [M]. 北京：中国人民大学出版社，2007.

[65] 杨欣. 民营化的行政法研究 [M]. 北京：知识产权出版社，2008.

[66] 杨伟东. 行政行为司法审查强度研究——行政审判权纵向范围分析 [M]. 北京：中国人民大学出版社，2003.

[67] 杨伟东. 权力结构中的行政诉讼 [M]. 北京：北京大学出版社，2008.

[68] 吴庚. 行政法之理论与实用（增订八版）[M]. 北京：中国人民大学出版社，2005.

[69] 吴庚. 行政争讼法论（修订第六版）[M]. 台北：元照出版有限公司，2012.

[70] 王名扬. 美国行政法（上、下册）[M]. 北京：中国法制出版社，2005.

[71] 王名扬. 英国行政法 [M]. 北京：北京大学出版社，2007.

[72] 王名扬. 法国行政法 [M]. 北京：北京大学出版社，2007.

[73] 王天华. 行政诉讼的构造：日本行政诉讼法研究 [M]. 北京：法律出版社，2010.

［74］ 翁岳生．行政法（上、下册）［M］．北京：中国法制出版社，2009．

［75］ 何海波．行政诉讼法［M］．北京：法律出版社，2022．

［76］ 胡建淼．行政法学（上、下）［M］．北京：法律出版社，2023．

［77］ 陶凯元，等．中华人民共和国民事诉讼法理解与适用（上、下）
［M］．北京：人民法院出版社，2024．

［78］ 孙笑侠．司法的特性［M］．北京：法律出版社，2016．

［79］ 蔡小雪．行政行为的合法性审查［M］．北京：中国民主法制出版
社，2020．

［80］ 章剑生．行政法判例百选［M］．北京：法律出版社，2020．

二、中文译著

［1］ ［俄］B. B. 拉扎列夫．法与国家的一般理论［M］．王哲，等译．北
京：法律出版社，1999．

［2］ ［美］伯尔曼．法律与宗教［M］．梁治平，译．北京：中国政法大
学出版社，2003．

［3］ ［美］本杰明·卡多佐．司法过程的性质［M］．苏力，译．北京：
商务印书馆，2000．

［4］ ［美］米尔伊安·R. 达玛什卡．司法和国家权力的多种面孔——比
较视野中的法律程序［M］．郑戈，译．北京：中国政法大学出版社，
2015．

［5］ ［美］唐纳德·J. 布莱克．法律的运作行为［M］．唐越，苏力，译．
北京：中国政法大学出版社，2004．

［6］ ［美］劳伦斯·M. 弗里德曼．法律制度——从社会科学角度观察
［M］．李琼英，林欣，译．北京：中国政法大学出版社，2004．

[7] ［美］克里斯托弗·沃尔夫. 司法能动主义——自由的保障还是安全的威胁 ［M］. 黄金荣，译. 北京：中国政法大学出版社，2004.

[8] ［美］肯尼思·F. 沃伦. 政治体制中的行政法 ［M］. 王丛虎，等译. 北京：中国人民大学出版社，2005.

[9] ［美］小卢卡斯·A. 鲍威. 沃伦法院与美国政治 ［M］. 欧树军，译. 北京：中国政法大学出版社，2005.

[10] ［美］朱迪·弗里曼. 合作治理与新行政法 ［M］. 毕洪海，陈标冲，译. 北京：商务印书馆，2010.

[11] ［美］亚历山大·M. 比克尔. 最小危险部门——政治法庭上的最高法院 ［M］. 姚中秋，译. 北京：北京大学出版社，2007.

[12] ［美］约翰·罗尔斯. 正义论 ［M］. 何怀宏，等译. 北京：中国社会科学出版社，1988.

[13] ［美］约翰·哈特·伊利. 民主与不信任——关于司法审查的理论 ［M］. 朱中一，顾运，译. 北京：法律出版社，2003.

[14] ［美］E. 博登海默. 法理学：法律哲学与法律方法 ［M］. 邓正来，译. 北京：中国政法大学出版社，2004.

[15] ［美］F. J. 古德诺. 政治与行政 ［M］. 王元，译. 北京：华夏出版社，1987.

[16] ［美］P. 诺内特、P. 塞尔兹尼克. 转变中的法律与社会：迈向回应型法 ［M］. 张志铭，译. 北京：中国政法大学出版社，2004.

[17] ［法］狄骥. 公法的变迁 ［M］. 郑戈，译. 北京：中国法制出版社，2010.

[18] ［法］托克维尔. 论美国的民主 ［M］. 董果良，译. 北京：商务印书馆，1991.

[19] ［德］奥特马·尧厄尼希. 民事诉讼法 ［M］. 周翠，译. 北京：法

律出版社，2003.

［20］［德］G. 平特纳. 德国普通行政法［M］. 朱林，译. 北京：中国政法大学出版社，1999.

［21］［德］弗里德赫尔穆·胡芬. 行政诉讼法［M］. 莫光华，译. 北京：法律出版社，2003.

［22］［德］哈特穆特·毛雷尔. 行政法学总论［M］. 高家伟，译. 北京：法律出版社，2000.

［23］［德］汉斯·J. 沃尔夫，奥托·巴霍夫，罗尔夫·施托贝尔. 行政法（第一卷）［M］. 北京：商务印书馆，2007.

［24］［德］汉斯·J. 沃尔夫，奥托·巴霍夫，罗尔夫·施托贝尔. 行政法（第二卷）［M］. 北京：商务印书馆，2007.

［25］［德］汉斯·J. 沃尔夫，奥托·巴霍夫，罗尔夫·施托贝尔. 行政法（第三卷）［M］. 北京：商务印书馆，2007.

［26］［德］拉德布鲁赫. 法学导论［M］. 米健，朱林，译. 北京：中国大百科全书出版社，1997.

［27］［德］黑格尔. 法哲学原理［M］. 邓安庆，译. 北京：人民出版社，2016.

［28］［德］威廉·冯·洪堡. 论国家的作用［M］. 林荣远，冯兴元，译. 北京：中国社会科学出版社，1998.

［29］［日］棚濑孝雄. 纠纷的解决与审判制度［M］. 王亚新，译. 北京：中国政法大学出版社，2004.

［30］［日］米丸恒治. 私人行政：法的统制的比较研究［M］. 洪英，等译. 北京：中国人民大学出版社，2010.

［31］［日］谷口安平. 程序的正义与诉讼（增补本）［M］. 王亚新，等译. 北京：中国政法大学出版社，2002.

[32] ［日］高桥宏志. 民事诉讼法——制度与理论的深层分析［M］. 林剑锋，译. 北京：法律出版社，2004.

[33] ［日］小岛武司，伊藤真编. 诉讼外纠纷解决法［M］. 丁婕，译. 北京：中国政法大学出版社，2005.

[34] ［日］小早川光郎. 行政诉讼的构造分析［M］. 王天华，译. 北京：中国政法大学出版社，2014.

[35] ［日］新堂幸司. 新民事诉讼法［M］. 林剑锋，译. 北京：法律出版社，2008.

[36] ［日］川岛武宜. 现代化与法［M］. 申政武，等译. 北京：中国政法大学出版社，2004.

[37] ［日］原田尚彦. 诉的利益［M］. 石龙潭，译. 北京：中国政法大学出版社，2014.

[38] ［日］盐野宏. 行政救济法［M］. 杨建顺，译. 北京：北京大学出版社，2008.

[39] ［日］盐野宏. 行政法总论［M］. 杨建顺，译. 北京：北京大学出版社，2008.

[40] ［日］盐野宏. 行政组织法［M］. 杨建顺，译. 北京：北京大学出版社，2008.

[41]［英］丹宁勋爵. 法律的训诫［M］. 杨百揆，刘庸安，丁健，译. 北京：法律出版社，2011.

[42]［英］罗杰·科特威尔. 法律社会学导论［M］. 潘大松，刘丽君，等译. 北京：华夏出版社，1989.

[43]［英］西蒙·罗伯茨，［英］彭文浩. 纠纷解决过程：ADR与形成决定的主要形式［M］. 刘哲玮，等译. 北京：北京大学出版社，2011.

［44］［英］威廉·韦德、［英］克里斯托弗·福赛. 行政法［M］. 骆梅英，苏苗罕，等译. 北京：中国人民大学出版社，2018.

［45］［英］丹宁勋爵. 法律的未来［M］. 刘庸安，张文镇，译. 北京：法律出版社，2011.

［46］［英］丹宁勋爵. 法律的正当程序［M］. 李克强，杨百揆，刘庸安，译. 北京：法律出版社，2015.

三、外文著作

［1］ P Gulliver, Dispute and Negotiations: A Cross – Cultural Perspective ［M］. Academic Press, 1979.

［2］ Simon Halliday, Judicial Review and Compliance with Administrative Law ［M］. Hart Publishing, 2004.

［3］ Sarah Biddulph, Legal Reform and Administrative Detention Powers in China ［M］. Cambridge University Press, 2007.

［4］ Mark Tushnet, Taking The Constitution Away from The Courts ［M］. Princeton University Press, 1999.

［5］ Christopher F. Zurn, Deliberative Democracy and The Institutions of Judicial Review ［M］. Cambridge University Press, 2007.

［6］ Christopher Forsyth, Judicial Review and The Constitution ［M］. Hart Publishing, 2000.

［7］ Earl E. Pollock, The Supreme Court and American Democracy: Case Studies on Judicial Review and Public Policy ［M］. Greenwood Press, 2009.

［8］ Tom Ginsburg, Judicial Review in New Democracies Constitutional Courts in Asian Cases ［M］. Cambridge University Press，2003.

［9］ Ronald C. Den Otter，Judicial Review in An Age of Moral Pluralism ［M］. Cambridge University Press，2009.

［10］ Robert Justin Lipkin，Constitutional Revolutions：Pragmatism and The Role of Judicial，Review in American Constitutionalism ［M］. Duke University Press，2000.

［11］ 田中二郎. 司法権の限界 ［M］. 弘文堂，1976.

四、期刊论文

［1］ 潘剑锋. 论司法确认 ［J］. 中国法学，2011（3）.

［2］ 潘剑锋. 民诉法修订背景下对"诉调对接"机制的思考 ［J］. 当代法学，2013（3）.

［3］ 潘剑锋. 论民事司法与调解关系的定位 ［J］. 中外法学，2013（1）.

［4］ 马立群. 论客观诉讼与我国行政审判权的界限 ［J］. 甘肃社会科学，2011（1）.

［5］ 马怀德. 行政诉讼法的时代价值——行政诉讼三十年：回首与前行 ［J］. 中国法律评论，2019（2）.

［6］ 傅郁林."诉前调解"与法院的角色 ［J］. 法律适用，2009（4）.

［7］ 范愉. 调解的重构（上）——以法院调解的改革为重点 ［J］. 法制与社会发展，2004（2）.

［8］ 范伟."法官不得拒绝裁判"原则的逻辑再造：从绝对性到相对性 ［J］. 政法论坛，2021（1）.

［9］ 方世荣. 我国行政诉讼调解的范围、模式及方法 ［J］. 法学评论，2012（2）.

［10］方世荣，白云锋．行政执法和解的模式及其运用［J］．法学研究，2019（5）．

［11］杜月秋．裁判的正当性基础：以法律效果和社会效果的相互关系为视角［J］．法律适用，2007（3）．

［12］邓刚宏．论我国行政诉讼功能模式及其理论价值［J］．中国法学，2009（5）．

［13］邓刚宏，马立群．对行政诉讼之特质的梳理与反思——以与民事诉讼比较为视角［J］．政治与法律，2011（6）．

［14］谭宗泽，杨靖文．行政诉讼功能变迁与路径选择——以法与治的关系为主线［J］．行政法学研究，2016（4）．

［15］谭炜杰．从撤诉到契约：当代中国行政诉讼和解模式之转型［J］．行政法学研究，2012（3）．

［16］唐力．诉讼调解合意诱导机制研究［J］．法商研究，2016（4）．

［17］李德顺．"价值"与"人的价值"辨析［J］．天津社会科学，1994（6）．

［18］李国光．坚持办案的法律效果与社会效果相统一［J］．党建研究，1999（12）．

［19］李浩．调解归调解，审判归审判：民事审判中的调审分离［J］．中国法学，2013（3）．

［20］李浩．论调解不宜作为民事审判权的运作方式［J］．法律科学，1996（4）．

［21］李浩．民事审判中的调审分离［J］．法学研究，1996（4）．

［22］李浩．查明事实、分清是非原则重述［J］．法学研究，2011（4）．

［23］李浩．论法院调解中程序法与实体法约束的双重软化——兼析民事诉讼中偏重调解与严肃执法的矛盾［J］．法学评论，1996（4）．

［24］李建明．诉讼过程法律评价与社会评价的冲突［J］．法学评论，2007（6）．

［25］李喜莲．我国民事审判中调审关系的再思考［J］．法律科学（西北政法大学学报），2019（6）．

［26］李哲范．司法变更权限定与扩大的博弈——以司法权界限论为视角［J］．吉林大学社会科学学报，2012（5）．

［27］梁君瑜．论行政纠纷可诉性［J］．北方法学，2019（6）．

［28］梁君瑜．复议维持"双被告制"之再检讨［J］．河北法学，2019（6）．

［29］梁君瑜．祛魅与返魅：行政诉讼中权利保护必要性之理论解读及其适用［J］．南大法学，2020（2）．

［30］梁潇．试论"协同行政诉讼模式"在我国的建立［J］．河北法学，2013（8）．

［31］卢超．行政诉讼司法建议制度的功能衍化［J］．法学研究，2015（3）．

［32］刘斌．行政诉讼调解实证分析［J］．法律适用，2017（6）．

［33］刘东亮．论行政诉讼中的调解——兼与朱新力教授商榷［J］．行政法学研究，2006（2）．

［34］刘加良．非诉调解协议司法确认程序的实践误区及其矫正［J］．政治与法律，2018（6）．

［35］刘金华．行政审判文书改革之我见［J］．行政法学研究，2002（1）．

［36］刘学在．略论民事诉讼中的诉讼系属［J］．法学评论，2002（6）．

［37］刘星．怎样看待中国法学的"法条主义"［J］．现代法学，2007（2）．

［38］刘澍．论司法之谦抑品格［J］．国家检察官学院学报，2007（4）．

[39] 刘莘、刘红星. 行政纠纷解决机制研究 [J]. 行政法学研究, 2016 (4).

[40] 林莉红. 论行政诉讼中的协调——兼评诉讼调解 [J]. 法学论坛, 2010 (5).

[41] 林莉红、宋国涛. 中国行政审判法官的知与行——〈行政诉讼法〉 实施状况调查报告·法官卷 [J]. 行政法学研究, 2013 (2).

[42] 林莉红. 中国行政诉讼的历史、现状与展望 [J]. 河南财经政法大学学报, 2013 (2).

[43] 林燕萍. 浅谈法律的社会效果 [J]. 上海大学学报 (社科版), 1988 (6).

[44] 吕忠梅. 司法公正价值论 [J]. 法制与社会发展, 2003 (4).

[45] 关保英. 论行政主体的职权处分权 [J]. 东方法学, 2008 (1).

[46] 耿宝建. "泛司法化" 下的行政纠纷解决——兼谈《行政复议法》 的修改路径 [J]. 中国法律评论, 2016 (3).

[47] 何源. 保护规范理论的适用困境及其纾解 [J]. 法商研究, 2022 (3).

[48] 孔繁华. 行政诉讼性质研究 [J]. 武汉大学学报 (哲学社会科学版), 2009 (1).

[49] 孔小红. 庞德法律效果说初探 [J]. 社会科学, 1987 (10).

[50] 何家弘. 论司法公正 [J]. 中国法学, 1999 (2).

[51] 何海波. 论行政行为 "明显不当" [J]. 法学研究, 2016 (3).

[52] 胡玉鸿. 利益衡量与 "社会需求" ——诉讼过程的动态分析之一 [J]. 法商研究, 2001 (3).

[53] 黄锴. 行政诉讼给付判决的构造与功能 [J]. 法学研究, 2020 (1).

[54] 黄先雄. 行政首次判断权理论及其适用 [J]. 行政法学研究，2017 (5).

[55] 黄学贤. 行政诉讼调解若干热点问题探讨 [J]. 法学，2007 (11).

[56] 黄学贤. 论行政诉讼调解制度的要件、构架和基础 [J]. 江苏行政学院学报，2008 (5).

[57] 季卫东. 法制与调解的悖论 [J]. 法学研究，1989 (5).

[58] 蒋成旭. 行政诉权处分的司法审查——以行政审判中的息诉承诺为例 [J]. 法学家，2019 (5).

[59] 金成波. 行政诉讼之情况判决检视 [J]. 国家检察官学院学报，2015 (6).

[60] 徐亚文，邓珊珊. 论我国"大调解"机制中政府的角色定位——以荷兰的调解制度为借鉴 [J]. 学习与实践，2012 (3).

[61] 肖建华，杨兵. 对抗制与调解制度的冲突与融合——美国调解制度对我国的启示 [J]. 比较法研究，2006 (4).

[62] 薛刚凌，杨欣. 论我国行政诉讼构造："主观诉讼"抑或"客观诉讼"? [J]. 行政法学研究，2013 (4).

[63] 刑鸿飞. 论美国穷尽行政救济原则的适用例外及对我国的启示 [J]. 法学论坛，2014 (2).

[64] 邹荣，贾茵. 论我国行政诉讼调解的正当性构建 [J]. 行政法学研究，2012 (2).

[65] 曾令健. 法院调解社会化：实践评价与学理反思 [J]. 中南大学学报（社会科学版），2019 (3).

[66] 曹鎏. 作为化解行政争议主渠道的行政复议：功能反思及路径优化 [J]. 中国法学，2020 (2).

[67] 苏力. 关于能动司法与大调解 [J]. 中国法学，2010 (1).

［68］苏力．法条主义、民意与难办案件［J］．中外法学，2009（1）．

［69］孙林生，邢淑艳．行政诉讼以撤诉方式结案为什么居高不下——对365件撤诉行政案件的调查分析［J］．行政法学研究，1996（3）．

［70］孙海波．"后果考量"与"法条主义"的较量——穿行于法律方法的噩梦与美梦之间［J］．法制与社会发展，2015（2）．

［71］宋朝武，黄海涛．调解真实原则质疑——从程序保障看调解制度改革［J］．法律适用，2005（5）．

［72］朱林．德国行政行为撤销的理论及其立法评介［J］．法律科学，1993（3）．

［73］朱新力，高春燕．行政诉讼应该确立调解原则吗？［J］．行政法学研究，2004（4）．

［74］赵艳花，耿宝建．行政诉讼中的调解：西方的经验与中国的选择［J］．行政法学研究，2009（3）．

［75］占善刚．人民调解协议司法确认之定性分析［J］．法律科学（西北政法大学学报），2012（3）．

［76］周佑勇．和谐社会与行政诉讼和解的制度创新［J］．法学论坛，2008（3）．

［77］周佑勇，李俊．论行政裁量中的和解——以德国法和美国法为视角［J］．行政法学研究，2007（1）．

［78］周旺生．法的功能和法的作用辨异［J］．政法论坛，2006（5）．

［79］张峰振．法律虚无主义：过度调解对中国行政诉讼的危害［J］．江苏行政学院学报，2013（3）．

［80］张恒山．"法的价值"概念辨析［J］．中外法学，1999（5）．

［81］章剑生．行政诉讼"解决行政争议"的限定及其规则——基于《行政诉讼法》第1条展开的分析［J］．华东政法大学学报，2020（4）．

[82] 章剑生. 行政诉讼中民事诉讼规范之"适用"——基于《行政诉讼法》第 101 条展开的分析 [J]. 行政法学研究, 2021（1）.

[83] 张晋红. 法院调解的立法价值探究——兼评法院调解的两种改良观点 [J]. 法学研究, 1998（5）.

[84] 张翔. 形式法治与法教义学 [J]. 法学研究, 2012（6）.

[85] 张旭勇. 论行政诉讼和解的正当性困境及其化解 [J]. 法商研究, 2010（5）.

[86] 张志铭. 中国司法的功能形态：能动司法还是积极司法？[J]. 中国人民大学学报, 2009（6）.

[87] 章志远. 给付行政与行政诉讼法的新发展——以行政给付诉讼为例 [J]. 法商研究, 2008（4）.

[88] 章志远. 行政撤销权法律控制研究 [J]. 政治与法律, 2003（5）.

[89] 张忠斌, 黄芙蓉. 关于司法的社会效果内涵之评析 [J]. 甘肃政法学院学报, 2003（6）.

[90] 张少波. 行政复议中"协调结案"的中国式图景——基于 1132 件行政复议案件的分析 [J]. 行政法学研究, 2020（1）.

[91] 郑春燕. 程序主义行政法治 [J]. 法学研究, 2012（6）.

[92] 郑烁. 论美国的"穷尽行政救济原则"[J]. 行政法学研究, 2012（3）.

[93] 陈林林. 法治的三度：形式、实质与程序 [J]. 法学研究, 2012（6）.

[94] 陈洪杰. 从程序正义到摆平"正义"：法官的多重角色分析 [J]. 法制与社会发展, 2011（2）.

[95] 陈金钊. 被社会效果所异化的法律效果及其克服——对两个效果统一论的反思 [J]. 东方法学, 2012（6）.

［96］陈金钊．魅力法治所衍生的苦恋——对形式法治和实质法治思维方向的反思［J］．河南大学学报（社会科学版），2012（9）．

［97］程琥．解决行政争议的制度逻辑与理性构建——从大数据看行政诉讼解决行政争议的制度创新［J］．法律适用，2017（23）．

［98］程汉大．司法克制、能动与民主——美国司法审查理论与实践透析［J］．清华法学，2010（6）．

［99］成协中．论我国行政诉讼的客观诉讼定位［J］．当代法学，2020（2）．

［100］［德］罗尔夫·施蒂尔纳．当事人主导与法官权限——辩论主义与效率冲突中的诉讼指标与实质阐明［J］．周翠，译．清华法学，2011（2）．

［101］施立栋．行政争议调解过程信息的保密性规则之构建［J］．法商研究，2018（4）．

［102］沈福俊．和谐统一的行政诉讼协调和解机制［J］．华东政法大学学报，2007（6）．

［103］于浩．中国司法中的国家角色［J］．国家检察官学院学报，2019（5）．

［104］喻文光．行政诉讼调解的理论基础与制度建构［J］．华东政法大学学报，2013（1）．

［105］杨建顺．论行政裁量与司法审查——兼及行政自我拘束原则的理论根据［J］．法商研究，2003（1）．

［106］杨伟东．复议前置抑或自由选择——我国行政复议与行政诉讼关系的处理［J］．行政法学研究，2012（2）．

［107］应松年．依法行政论纲［J］．中国法学，1997（1）．

［108］应松年．把行政复议制度建设成为我国解决行政争议的主渠道

［J］. 法学论坛，2011（5）.

［109］吴英姿. 司法的限度——在司法能动与司法克制之间［J］. 法学研究，2009（5）.

［110］吴英姿. 论司法的理性化——以司法目的合规律性为核心［J］. 政法论丛，2017（3）.

［111］王发强. 不宜要求"审判的法律效果与社会效果统一"［J］. 法商研究，2000（6）.

［112］王婷，张平. 论行政执法和解的风险控制——以反垄断法等特殊执法领域为视角［J］. 政法学刊，2015（6）.

［113］王国龙. 裁判理性与司法权威［J］. 华东政法大学学报，2013（4）.

［114］王贵松. 行政裁量：羁束与自由的迷思［J］. 行政法学研究，2008（4）.

［115］王贵松. 论行政裁量的司法审查强度［J］. 法商研究，2012（4）.

［116］汪庆华. 中国行政诉讼：多中心主义的司法［J］. 中外法学，2007（5）.

［117］汪习根，周刚志. 论法治社会权力与权利关系的理性定位［J］. 政治与法律，2003（1）.

［118］王晓琼. 利益平衡论与司法的艺术——立足于中国法治文化本土化的思考［J］. 法学论坛，2005（5）.

［119］王学棉. 法律效果与社会效果的冲突及其补救［J］. 华北电力大学学报（社会科学版），1998（1）.

［120］王聪. 调判分离还是调判结合：再论法院调解的中国图景——为"调判结合"辩护［J］. 河北法学，2019（9）.

［121］王万华. 行政复议法的修改与完善——以"实质性解决行政争议"

为视角 [J]. 法学研究，2019（5）.

[122] Chad M. Oldfather. Defining Judicial Inactivism：Models of Adjudication and The Duty to Decide [J]. Georgetown Law Journal, 2005（94）.

[123] Douglas Yarn. The Death of ADR：A Cautionary Tale of Isomorphism Through Institutionalization [J]. Penn State Law Review. 2004（108）.

[124] Jay Tidmarsh. Unattainable Justice：The Form of Complex Litigation and The Limits of Judicial Power [J]. George Washington Law Review, 1992（60）.

[125] Lon L. Fuller. The Forms and Limits of Adjudication [J]. Harvard Law Review, 1978（92）.

[126] Melvin Aron Eisenberg. Participation, Responsiveness, and The Consultative Process：An Essay for Lon Fuller [J]. Harvard Law Review, 1978（92）.

[127] Owen M. Fiss. Against Settlement [J]. Yale Law Journal, 1984（93）.

[128] Steven M. Cooper. Judicial Creativity, Unenumerated Rights, and The Rule of The Law [J]. Texas Wesleyan Law Review, 1994（1）.

[129] Thomas W. Merrill. Fair and Impartial Adjudication [J]. George Mason Law Review, 2019（26）.

五、学位论文

[1] 李瑞霞. 行政诉讼调解研究 [D]. 上海：复旦大学，2016.

[2] 吕林. 行政和解研究 [D]. 重庆：西南政法大学，2014.

［3］何磊．行政诉讼调解制度研究［D］．北京：中国政法大学，2014．

［4］贺荣．行政纠纷解决机制研究［D］．北京：中国政法大学，2006．

［5］谭炜杰．行政诉讼和解研究［D］．北京：中国政法大学，2011．

［6］唐峰．纠纷和解研究［D］．济南：山东大学，2011．

［7］张苹．行政诉讼和解制度研究［D］．天津：南开大学，2015．

［8］陈丹．多元纠纷解决机制中的行政调解研究［D］．北京：中国政法大学，2013．

［9］王欢．行政解纷机制研究［D］．长春：吉林大学，2008．

［10］王昊．行政诉讼调解制度研究［D］．北京：中央民族大学，2008．

六、报纸

［1］姜明安．"协调和解"：还需完善法律依据［N］．法制日报，2007 - 04 - 04（3）．

［2］金自宁．协调和解需先明确其合法性条件［N］．法制日报，2007 - 04 - 22．

［3］章剑生．行政争议调解的"能"与"不能"［N］．中国社会科学报，2020 - 06 - 05（5）．

后　记

2024 年是生肖龙年，是比较特别的一年。

小糖豆有一本绘本——伯纳德·韦伯的《勇气》，我颇为喜欢。伯纳德·韦伯说，勇气有很多种，有的令人敬畏，像表演杂技，有的也十分平常，像从高处直接跳入水中。勇气，是你第一次骑自行车不用安全轮。勇气，是你有两块糖，却可以留一块到第二天。勇气，是和别人吵架后你先去讲和。勇气，是从头开始。勇气是在必要的时候说声再见，等等。

在这个世界上，如果做到了平常人难以做到的事情，往往会成为英雄或者楷模，如果只用"勇气"二字可能不足以称赞。勇气更多地体现于平凡的日常生活之中。克服自卑害怕、迎难而上是一种勇气；初到新环境，融入新集体是一种勇气；受到挫折不气馁是一种勇气；对一件事情保持长久热情、做到坚持不懈是一种勇气；严于律己、宽以待人是一种勇气；无论何时，与家人相处，都妥善地管理好自己的情绪也是一种勇气。在武汉大学三年的博士研究生生活给了我领悟勇气的机会。博士毕业后的三年，让我领悟到，做好自己，成为更优秀的自己，也是一种勇气。

我的导师林莉红老师曾说："人与人能形成师生关系是一场缘分。"曾经，在工作与读博中只能择一而从之，我选择辞职读博。有人赞许过我的勇气，也有人为我丢了工作感到可惜。西方有句话"上帝为你关上一扇门的同时，会为你打开一扇窗"，我想说，是林老师为我打开了这扇窗，是林老师对我的包容信任、不弃与栽培为我打开了一个新世界的大门。

在林门大家庭中，我感受到了温暖浓厚的师生情。林老师平易近人、乐观豁达、严谨务实，不仅教导我的科研学业，还时常给我人生之启迪。科研学术于我而言，往往是"仰之弥高，钻之弥坚，瞻之在前，忽焉在后"。林老师对学术研究的严格要求与热忱让我受益匪浅。读博期间，在跟随老师进行国家社会科学基金项目、武汉市公安局委托的养犬条例修订的课题过程中，老师对数据出处的不经意追问，让我意识到做学问应当时刻保持严谨。对于我撰写的论文，林老师每次都写下十分中肯的评价，并提出宝贵的修改意见，甚至对具体的用语表达都作出修改完善，以便于我前后对比，提高写作水平。无奈我资质有限，未必能完全领会老师的意思，辜负老师的一片苦心。读博三年中，林老师经常带领我们参加各种学术交流活动，开阔眼界。2018年在西安、2019年在合肥举办的行政法学研究会上，我看到了许多在书本上出现名字的学术大家，当时那种局促不安却又万分激动的心情至今仍记忆犹新。跟随老师外出参会，还会目睹一些令人感动的瞬间。有一次，主持人董皞老师在主席台发言，林老师稍微侧身，专注聆听董老师发言；当轮到另一侧的梁津明老师发言时，林老师又转向那一侧，专注聆听梁老师发言。林老师可爱可敬的这一幕给我印象十分深刻。

林老师喜爱户外运动，每逢天气晴好的周六上午，便会组织七山连纵。林老师和学生们，以及其他热爱户外徒步的武汉市民，从东湖风光村出发，翻山越岭，二度鲁磨路，穿过喻家湖路隧道，一直走到磨山公交站点，乘车、骑行或走回至东湖风光村。这七座山，分别是：枫多山、猴山、南望山、喻家山、团山、风筝山、斧头山（谐音"猴子拿着斧头在枫多山放风筝，喻家团结南望"）。登山不仅可以锻炼身体，还可在徒步过程中领略武汉东湖各色风景、体验许多趣事，更是学习交流的宝贵机会。见到老师，觉得特别安心。二月品梅、三月赏樱、四月观杏、五月摘梅、六月打枇杷，挖野菜、采桃胶，品尝林老师做的梅子果酱、喝梅子酒，路上采一朵荷花，扮演何仙姑，相互调侃，分外惬意。2019 年林老师在远征腾格里沙漠后，在游记中写道："出来混总是要还的，与之相反，你所受过的苦，日后都会补偿给你。"朴素的话语、真实的经历再次说明了先苦才有甜的道理。在武大跟随林老师登山的三年，我的身体素质较好，不定期会去九一二操场跑圈，那时的速度虽然不是特别快，对于现在的自己而言，却已成为"想当年"的历史故事了。

在武汉大学法学院学习的三年，听取了众多知名教授的讲座与授课，获得许多指点，感到万分荣幸。博学多才、睿智非凡的占善刚教授提出问题总是一针见血、发人深省；文质彬彬、温文儒雅的刘学在教授对问题经常是不紧不慢、娓娓道来；和蔼谦逊的洪浩教授生动有趣地为我们讲解律师职业的精彩；温柔知性的李傲教授研究女性平等权利，令我心生敬佩；求真务实的江国华教授讲授法学理论与实务问题，提纲挈领、深入浅出。此外，我还有幸聆听了风趣幽默的秦前红教授、北京大学法学院潘剑锋教授、清华大学张卫平教授的精彩演讲，受益颇多。另外，湖南省高院的周婷婷法官、华南师范大学的孔繁华老师、湖北民族大学的汪燕老师、武汉大学的黄启辉老师、上海海事大学的邓刚宏老师、上海大学的赵清林老师、海南大学的熊勇先老师、江苏师范大学的张峰振老师、西南政法大学的马立群老师、贵州省委党校的田勇军老师、安徽大学的尹权老师、湘潭大学的刘欣琦老师一直在关心我的学习情况与论文进展，使我备受鼓舞。

校园生活丰富多彩，时常触动我的内心，现在回想，这是一份无比珍贵的记忆。同门师友之间温暖和煦的手足情谊令我十分感动。读博三年，与已留校任教的梁君瑜博士（现已为副教授）、赴中国政法大学从事博士后研究的范伟博士（也已留任中国政法大学）、邓嘉詠博士、蒋文峰博士、滕甜甜博士、侯韦锋博士、任沫蓉博士时常小聚、谈天说地。君瑜师兄斯文绅士、学富五车、谦谦君子、温润如玉，每当在我论文写作与投稿发表方面产生疑惑向其求助时，师兄都是耐心解答并提供宝贵意见。范伟师兄善良机智、侠义心肠、诙谐幽默，耐心地帮我分析就业形势与各方利弊，他的"喝粥梗""过站梗"经常让我捧腹大笑。嘉咏师姐有思想有活力有毅力，时而恬淡内敛，时而豪迈万丈，点评论文鞭辟入里，分析问题一语中的，私底下我们称她"最佳与谈人"。文峰正直沉稳、细致入微，负责班级、师门的大小事务，似乎处于宇宙信息交汇中心，与其交谈总有一种豁然开朗的感觉。韦锋喜爱健身，活得精致，但也十分耿直、善解人意，多次在细微之处出手相助，令人刮目相看。甜甜是直率善良、快人快语的山东妹子，任何大事小事在她眼中不过过眼云烟，不计较所以没烦恼。温柔体贴的沫蓉喜欢撸猫，乖巧可爱、心思细腻且富有耐心。甜甜和沫蓉两位可爱的师妹，一度成为我的智囊团，多次陪伴采购，提升心情愉悦值。我们几个在校博士生大群小群好几个，一起结伴出游、探讨论文、交流生活八卦，成为我校园生活的一大乐事。

从初入校园到后来的博士论文答辩，过五关斩六将实感不易，同学友人一路相伴，他们有如小溪潺潺般浸润人心，为我的学习生活增色不少。犹记得2018年中秋之夜，2018级诉讼法专业的同学们齐聚老斋舍樱顶，共赏圆月、谈古论今。恬静如玉的章玉洁博士、温柔善良的陈欢欢博士、活泼开朗的施瑶博士、胸有成竹的阮崇翔博士、神龙见首不见尾的赵祖斌博士、成熟淡定的张博博士、低调沉稳的蒋文峰博士，我们共同上课、共同参加答辩，彼此诉说心事，快乐共享、忧愁共担，建立了一份难得的友谊。

读博三年，文理学部总图书馆是我经常出没之地。博三的冬天，正值大论文写作的关键期，有幸与宝藏女孩张莺博士、童丽博士、硕士师妹张娜相识相知。我们互相鼓励、互相慰藉。她们陪我度过了图书馆论文写作最枯燥最难熬的一段日子。2021年初寒假大图A2闭馆后,我们四个转战法学院332宪行教研室、与邵帅博士、楼上的蒋文峰博士一道继续奋战至2月下旬。那段时间童丽博士的母亲雪中送炭,不远万里寄来家乡美食为我们加油打气,就像黑夜里的一道月光陪伴我们前行。那段日子虽然艰辛,但我们六个共同作战、苦中作乐总算熬过了。

论文答辩期间,得到了司法文明方向的师妹张琦博士与师弟周鸿焕博士的大力支持,他们做了许多联系沟通方面的支持性工作。另外,在读博期间还得到了李易纹博士、曹奕阳博士、林海伟博士、朱良博士、王宇希博士,刘雯、田禾、陈逸、杨琼、邓晓韵、刘欣然、喻海燕、陈璇、李金儒等师兄弟姐妹的支持。辅导员陈盼盼老师在2021年春节期间的帮助,使我顺利返校。贵州省社会科学院的吴大华书记与中共贵州省委党校的敖以深教育长对我当年考博的大力推荐是我博士生涯中必不可少的一环。读博之前,我曾任职于贵州理工学院马克思主义学院,敖以深院长、王忠奎书记、张建军、王帅、蓝文思、路一村、田莉、谢晓博、杨亮、李海艳、郭勤艺等诸位老师给予了我多年的关照与支持。在贵州理工学院工作的五年终究是一段愉快的经历。

小糖豆的爸爸曾说,在武汉大学读博的三年是十分宝贵的三年,以后再也没有整块整块的时间供我专心读书写作,因而要珍惜。现在回想,的确如此。这也揭示出,毕业后的教学科研是由零散的时间堆砌而成、节奏更加紧凑、效率要求更高的一份工作。比起时间,更加珍贵的是,我从林老师身上学到了严谨务实的治学态度、平易近人的教书育人风格和乐观豁达的生活理念。我能够在武汉大学享受纯粹的校园时光、安心求学,与小糖豆、小糖豆的爸爸、小糖豆的爷爷奶奶、我父亲母亲的大力支持分不开。过往的点滴与情义我终将铭记。

这本专著是在我的博士论文基础之上修改而成。感谢知识产权出版社责任编辑罗慧女士的悉心编校，没有她的时刻提醒和认真对待，就没有这本专著的面世。本想重新撰写后记，但为了纪念来贵阳的这十一年，尤其是那段在而立之年开启的宝贵的博士生涯，我保留了博士论文致谢的大部分内容。

如今，我在贵州财经大学法学院已任教三年，从事法学专业的教学科研、教书育人工作，指导本科生、研究生的学习。此外，还积极参与各种社会服务，例如贵州省司法厅规范性文件的审查、基层行政机关的执法讲座以及律师实务。"问渠那得清如许，为有源头活水来"，各种社会服务就是我教学科研的"活水"。它们始终为我提升教学科研能力而服务。

心之所向，素履以往，生如逆旅，一苇以航。做好自己，成为更优秀的自己，让花成花让树成树，是我今后人生的必修课。感谢人生过往所有相遇、相聚的人和事，不是我在最好的时光遇见了你们，而是因为有你们的存在，我才有了最好的时光。

谷　骞

2021年5月26日匆草于珞珈山梅园

2021年6月4日修订于珞珈山枫园

2024年8月11日修订于贵阳文昌苑